Ich bin Rosi und
begleite dich bei deiner Arbei
Lege dir für deine Texte ein
Geschichtenheft an. Dann gehen
diese nicht verloren.
Los geht's!

Sachtexte schreiben

Personenbeschreibung

Beschreibst du eine Person, so soll sich der Leser möglichst **genau** vorstellen können, wie sie aussieht.

▶ Lies zunächst Annas Beschreibung einer kleinen Hexe:

Ich mag Hexen und manchmal träume ich von ihnen. Meine Lieblingstraumhexe heißt Ilsebill. Sie ist etwa so groß wie mein 5-jähriger Bruder, aber natürlich viel älter. Sie hat einen runden Kopf und lustige Augen. Über ihrem breiten, lachenden Mund sitzt eine Nase, so groß und spitz wie eine Karotte. Ihre langen rötlichen Haare stehen wie Strohhalme in alle Richtungen ab. Darüber trägt sie einen blauen Zauberhut mit breiter Krempe und Sternenmuster. Ihr rotes Kleid hat einen großen Kragen und reicht bis zu den orangefarbenen Schnürschuhen. Diese sind spitz und sehen viel zu groß aus. Ilsebill ist lieb. Im Traum rede ich mit ihr.

1 Schließe nun deine Augen und stelle dir vor, wie Ilsebill aussieht. Lies noch einmal, wenn du etwas vergessen hast.

▸ Zeichne jetzt Ilsebill in dein Geschichtenheft.

(Ihr Bild findest du unter **1** im Lösungsteil nach Seite 40.)

Bei Personenbeschreibungen ist eine **sinnvolle Reihenfolge** nötig:

- Am besten beginnst du mit **allgemeinen Merkmalen** wie Name, Alter, Geschlecht.
- Danach folgen **äußere Merkmale** wie Größe, Körperbau, Kopfform, Gesicht und Kleidung.
- Am Ende beschreibst du **innere Merkmale**. Dazu gehören Gefühle, Eigenschaften, Hobbys usw.

Verwende **treffende Adjektive** (Wiewörter).

Schreibe nur im **Präsens** (Gegenwart).

Die Zahnfee Lilo besucht nachts Kinder, die einen ausgefallenen Milchzahn unter das Kopfkissen gelegt haben. Den Zahn tauscht sie gegen ein kleines Geschenk aus.

▸ Lies die Beschreibung der Zahnfee Lilo:

Die Fee heißt Lilo. Sie ist jung und noch klein. Sie hat einen zarten Körper und einen länglichen Kopf. Ihre langen, braunen Haare sind gewellt. Lustig sind ihre schwarzen Kulleraugen. Die rosa Bäckchen neben der großen Nase sehen aus wie gemalt. Aus ihrem Rücken wachsen zwei hellblaue Flügel hervor. Ihr Mund schien zu lächeln. Das Röckchen ihres Kleides hat die Form von Blütenblättern. Ihre kleinen Füße steckten in rosafarbenen Schuhen passend zu ihrem Kleid. Lilo ist liebenswert. Sie konnte fliegen.

2 Überarbeite diesen Text mit Hilfe der folgenden Fragen:

- **Dreimal** stimmt die Beschreibung nicht. Streiche die jeweiligen **Adjektive** (Wiewörter) durch und schreibe **passende** darüber.
- Wird immer das **Präsens** (Gegenwart) verwendet? Verbessere im Text.
- Ein Satz steht an der falschen Stelle. Unterstreiche ihn.
- Etwas Wichtiges wurde vergessen. Schreibe es auf:

3 Schreibe jetzt den überarbeiteten Text in dein Geschichtenheft. Beschreibe auch, was **vergessen** wurde.

Das ist der Räuber Teufelsblitz und der Polizist Brezel ist ihm schon auf den Fersen. Brezel braucht nur noch eine gute Beschreibung, damit er ein Bild von **Kopf** und **Gesicht** für den Steckbrief anfertigen kann.

4 Setze die **Adjektive** richtig ein. Das **Bild** hilft dir dabei.

wild – schmal – riesig – schief – struppig – braun – schwarz – dunkel – blau – breit

Teufelsblitz hat d__________, w__________ Augen.
Seine __________ Hakennase ist übersät mit Warzen.
Er hat einen schi__________ Mund mit __________
Lippen und einen __________ Stoppelbart.
__________, str__________ Haare schauen unter
seinem Hut hervor. Der hat eine br__________ Krempe
und eine __________ Hahnenfeder.

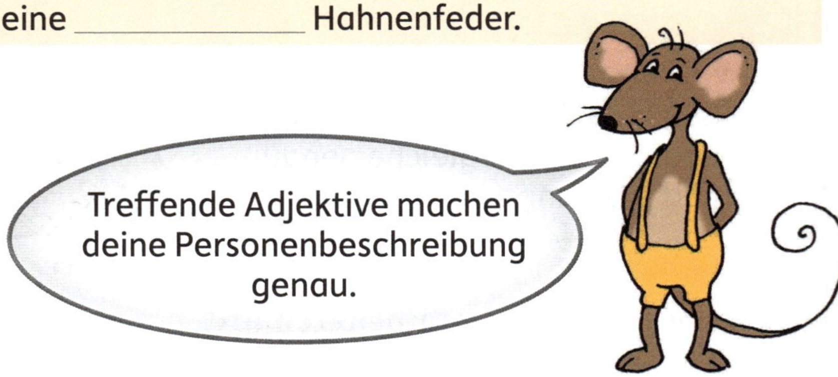

5 Beschreibe **Kopfform**, **Haare** und **Gesichter** der beiden Kinder. Verwende **Adjektive** aus der Tabelle unten. Bilde **ganze** Sätze.

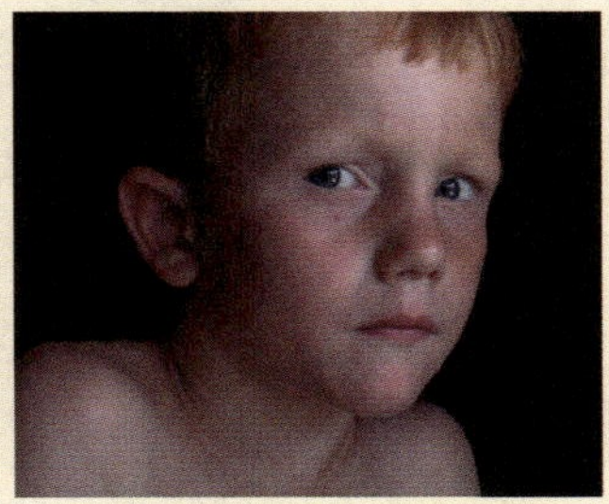

Haare	lang, kurz, blond, dunkel, schwarz, rot, glatt, lockig
Ohren	klein, groß, abstehend
Augen	braun, blau, grün, grau; groß, klein, rund
Nase	groß, lang, breit, klein; stupsig, gerade, gebogen
Mund	schmal, breit; **Lippen:** voll, rot

Neben **äußeren Merkmalen** gehören auch **innere Merkmale** zur Personenbeschreibung. (Vergleiche Seite 2.)

6 Unterstreiche Sätze, die äußere Merkmale beschreiben, **rot**, Sätze mit inneren Merkmalen **grün**:

Ella hat schöne, dunkelbraune Augen. Sie passen gut zu ihrem sanften und hilfsbereiten Wesen. Ella ist ein fröhliches Mädchen und liebt ihre Freunde. Ihr schlanker, durchtrainierter Körper hat eine bräunliche Hautfarbe. Sie mag Sport, besonders Reiten und Segeln. Für ihr Alter ist sie nicht besonders groß.

- Zeichne in den Rahmen ein Bild von dir mit deiner Lieblingskleidung.

7 Beschreibe dich jetzt selbst mit Hilfe deines Bildes.

- In der **Einleitung** schreibst du, ob du ein Mädchen oder ein Junge bist und dein Alter.
- Beschreibe dann deine **äußeren Merkmale**.
- Vergiss auch deine **inneren Merkmale** nicht, also deine Gefühle, was du magst und was nicht.
- Wenn du fertig bist, lies dir deine Ich-Beschreibung **laut** vor. **Überarbeite** deine Beschreibung mit diesen Fragen:

	ja	nein	verbessert
Sinnvolle Reihenfolge?			
Treffende Adjektive verwendet?			
Präsens (Gegenwart) verwendet?			
Nichts Wichtiges vergessen?			
Rechtschreibfehler?			
Wörter ausgelassen?			

Gegenstandsbeschreibung

Max hat seine Mütze nicht nach Hause gebracht. Mama will, dass er den Hausmeister anruft und fragt, ob sie abgegeben worden ist.

Max: Hier ist Max. Ich habe was verloren.
Hausmeister: Was denn?
M.: Im Schulhof.
H.: Ich habe nicht gefragt wo, sondern was!
M.: Eine Mütze, also meine Mütze.
H.: Und wie sieht sie aus?
M.: Schön. Sehr schön. Sie ist von meiner Oma.
H.: Das hilft mir wenig. Was ist es denn für eine Mütze? Eine Pudelmütze mit Bommel?
M.: Was ist denn ein Bommel?
H.: Na, so eine Troddel.
M.: Meine Mütze ist kein Trottel.
H.: Unsinn. Eine Quaste meine ich.
M.: Nein, kein Bommel.
H.: Und welche Farbe?
M.: Keine Farbe. Doch, ich meine: mehrere Farben. Also eigentlich hat sie Streifen.

H.:	Wie viele?
M.:	Drei. Schwarz, blau und weiß und oben ist sie grau.
H.:	Quer- oder Längsstreifen?
M.:	So von einem Ohr zum anderen?
H.:	Also Querstreifen. Steht irgendetwas in der Mütze?
M.:	Ja: Größe 56. Und noch etwas: Baumwolle.
H.:	Aha. Jetzt weiß ich Bescheid. Deine Mütze liegt hier in meinem Büro.
M.:	Vielen Dank, Herr Hausmeister. Ich hole sie morgen ab. Ach, Herr Hausmeister, ich hab noch etwas vergessen: Meine Mütze hat unten, wo sie gerippt ist, ein kleines Loch.
H.:	Pass auf, dass du nicht nass wirst, wenn's regnet.

8 Unterstreiche im Text nur **Informationen**, mit denen der Hausmeister etwas **anfangen** kann, dann trage sie ein:

Was?	
Größe	
Farben	
Material	
Besonderheiten	

Wenn du einen **Gegenstand** beschreibst, musst du genaue Adjektive (Wiewörter) für **Farben** sowie treffende Namen für **Formen** und **Materialien** kennen.

9 Beschreibe die folgenden Gegenstände, indem du die Tabelle ausfüllst.

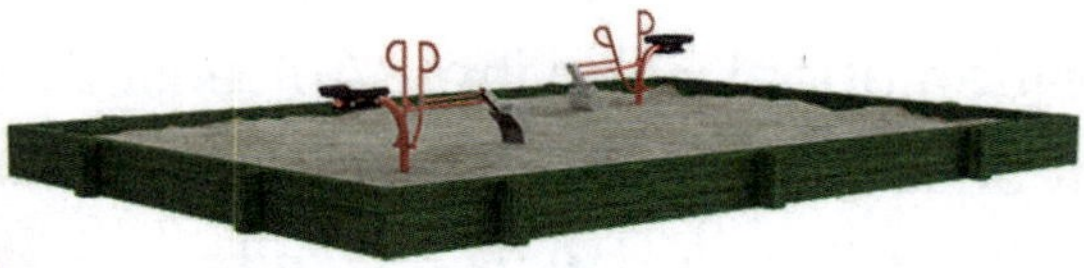

Name des Gegenstands	Farbe	Form	Material
Pyramide			**Kalkstein, Granit**

10 Marie hat ihre Brille auf dem Spielplatz verloren. Sie schreibt eine **Suchanzeige** und klebt sie an einen Baum:

Brille verloren
Es handelt sich um eine Kinderbrille. Die beiden Gläser aus Kunststoff haben eine ovale Form. Sie sind von einem rosafarbenen Rand eingefasst. Die Farbe der beiden Bügel ist an ihrer Außenseite hellrosa. Auf der Innenseite haben sie abwechselnd circa ein Zentimeter breite grüne und weiße Streifen.

▶ Male die Brille mit Hilfe von Maries Beschreibung in dein Geschichtenheft. In den Lösungen kannst du nachsehen, wie sie wirklich aussieht.

11 Wer etwas beschreibt, muss **genau** hinsehen. Zwischen dem rechten und linken Bild bestehen **10 Unterschiede**. Kreise sie im rechten Bild ein.

12 Dieses schöne Fahrrad wurde Emma gestohlen. Bei der Polizei beschreibt sie, wie es aussieht. Dabei kommt es vor allem auf die **nummerierten Teile** an. Schreibe ihre Namen und Eigenschaften in die Tabelle unten.

	Name	Form, Farbe, Material
1	Lenker	gerade, grau, Metall
2	Aufsteck________	
3		
4		
5		
6		
7		
8		

13 Sieh dir das Fahrrad auf Seite 11 noch einmal genau an. Welche **besonderen Merkmale** müsstest du angeben?

Für jede Gegenstandsbeschreibung gibt es eine **sinnvolle** Reihenfolge: z. B. von **vorne** nach **hinten**, von **unten** nach **oben** oder von **außen** nach **innen**.

Beachte: Beschreibe **zuerst** das **Allgemeine** (Farbe, Form, Material), dann die **Einzelheiten** und **Besonderheiten** (Kratzer, Aufkleber etc.).

Merke: Die Gegenstandsbeschreibung steht im **Präsens**.

14 Beschreibe jetzt das Fahrrad. Entscheide dich für eine sinnvolle Reihenfolge.
Jeder Mensch weiß, wie ein Fahrrad aussieht.
Mit Hilfe der Beschreibung soll man **genau dieses Rad** erkennen können.

Beschreibe nur, wie der Gegenstand aussieht. Vermeide Meinungen, Gefühle und unnötige Informationen.

15 Lilly hat diesen Schlüsselanhänger verloren und schreibt eine **Suchanzeige**.

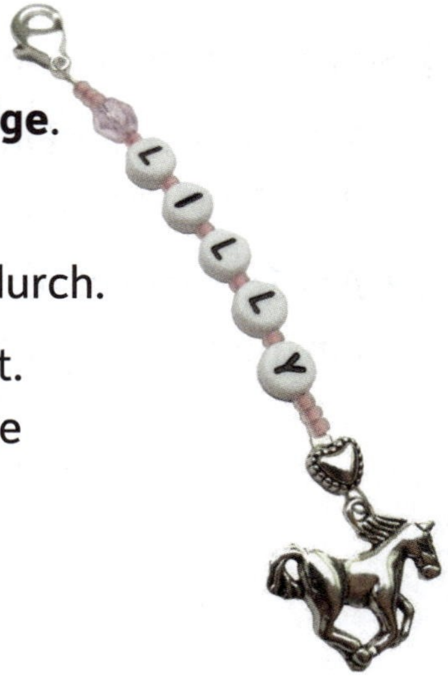

- Lies die Suchanzeige durch.
- Streiche zuerst überflüssige Sätze durch.
- Suche dann sachliche Fehler im Text. Verbessere sie, indem du die richtige Lösung über die Zeile schreibst.

Ich habe meinen Namensanhänger verloren. Ich mag ihn sehr. Er ist etwa 8 Zentimeter lang und hat einen Karabinerverschluss; dieser ist aus Metall wie auch das Kätzchen am anderen Ende. Es wird im Stand mit wehender Mähne gezeigt. Dem Verschluss folgen zwei kleine Kugeln aus Rosenquarz, ein größerer grüner Glasstein und noch eine weitere Rosenquarzkugel. Die Farben sind wunderschön. Es folgen sechs blaue Kunststoffscheiben mit den Buchstaben meines Namens: L–I–L–L–Y. Zwischen jedem Buchstaben hängen zwei Kugeln aus Rosenquarz, vor dem Pferd drei sowie ein Kleeblatt aus Holz. Meiner Freundin gefällt der Namensanhänger. Wer ihn gefunden hat, melde sich bitte bei Lilly Meerkatz, Klasse 4b.

16 Schreibe eine Suchanzeige zu diesem Ohrring.

- Schreibe in der Einleitung, **wann** und **wo** du den Ohrring verloren hast.
- Am Schluss solltest du schreiben, bei **wem** sich ein möglicher Finder melden soll.

- **Überarbeite** deine Beschreibung mit diesen Fragen:

	ja	nein	verbessert
Sinnvolle Reihenfolge: z. B. vom Allgemeinen zum Besonderen?			
Größe, Farbe, Form, Material beschrieben?			
Fachbegriffe verwendet?			
Präsens verwendet?			
Rechtschreibfehler?			
Wörter ausgelassen?			

Vorgangsbeschreibung (Anleitung)

Ein Rezept schreiben (Kochanleitung)

In einem **Kochrezept** schreibst du zuerst auf, welche **Zutaten** und welche **Arbeitsgeräte** du benötigst.

17 Schreibe auf den Block, wie diese Zutaten für Tomatensoße heißen. Frage jemand, wenn du etwas nicht kennst.

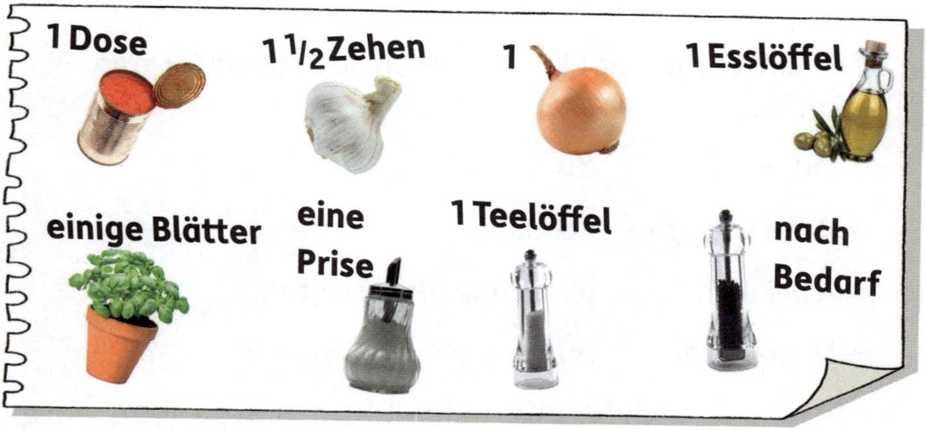

18 Wer Tomatensoße kocht, braucht fünf Geräte. Verbinde jeden Namen mit der entsprechenden Abbildung:

Arbeitsbrett

Kochtopf

Knoblauchpresse

Messer

Kochlöffel

19 Schreibe zwei einleitende Sätze ins Geschichtenheft, in denen steht, welche **Zutaten** du benötigst (auch die Menge) und welche **Arbeitsgeräte** du herrichtest.

So kannst du beginnen:

Um eine Tomatensoße zu kochen, benötige ich folgende Zutaten: ...

Für ein Kochrezept kannst du diese **Schreibformen** wählen:

▸ **Du**-Form:	**du** schälst die Zwiebel
▸ **Befehls**form:	**schäle** die Zwiebel
▸ **Ich**-Form:	**ich** schäle die Zwiebel
▸ **Man**-Form:	**man** schält die Zwiebel

Entscheide dich für **eine** Schreibform und behalte diese in der ganzen Beschreibung bei. Sollte dein Lehrer eine bestimmte Schreibform wünschen, dann nimm diese.

Schreibe stets im **Präsens** (Gegenwart) und verwende Wörter, mit denen du zwischen einzelnen Sätzen die **zeitliche Reihenfolge** ausdrückst:

danach, **nun**, **anschließend**, **dann**, **als Nächstes** ...

20 Max hat alle Arbeiten aufgeschrieben, die noch vor dem Kochen erledigt werden müssen. Leider hat er dabei **verschiedene** Schreibformen **durcheinandergebracht**:

Zuerst öffnest **du** die Dose mit den passierten Tomaten. Dann pflückt **man** von dem Zweig Basilikum einige Blätter ab und schneidet sie klein. **Zerdrücke** anschließend 1 $^1/_2$ Knoblauchzehen mit der Knoblauchpresse. Zuletzt schäle **ich** eine Zwiebel und schneide sie klein.

▸ Schreibe diese Sätze noch einmal in der **Man-Form** auf. (Achtung: Du musst auch einige Personalformen ändern.)

Die einzelnen Arbeitsschritte schreibst du immer in der richtigen **Reihenfolge** auf.

21 Max hat bei den **letzten drei** Arbeitsschritten nicht auf die Reihenfolge geachtet. Überlege, dann trage die **Nummern** richtig ein.

1	ein Esslöffel Olivenöl im Topf erhitzen
2	Zwiebelstücke im Öl kochen lassen, bis sie glasig sind, darüber eine Prise Zucker streuen
3	zu den glasigen Zwiebeln Knoblauch geben, schwach salzen und pfeffern
	Topf vom Herd nehmen, Soße mit Salz und Pfeffer abschmecken
	Tomaten und Basilikum hinzufügen
	Hitze herunterschalten und die Zutaten etwa 20 Minuten köcheln lassen, immer wieder umrühren

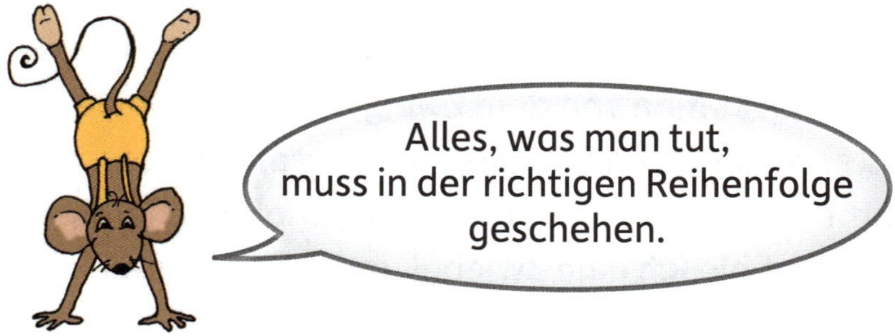

22 Bei Aufgabe **21** hast du die letzten 3 Arbeitsschritte in die richtige Reihenfolge gebracht. Forme jetzt die **6** Stichwortsätze von Aufgabe **21** in **vollständige** Sätze um. Beginne **jeden** Satz mit einem passenden **Einleitungswort** aus dem Kasten unten.

Schreibe in dein Geschichtenheft und beginne so:

Zuerst erhitzt **du** einen Esslöffel Olivenöl in einem Topf. **Danach** gibst du die Zwiebelstücke ins Öl und ...

~~zuerst~~ – dann – während – ehe – anschließend – jetzt – nach einer Weile – ~~danach~~ – nun – als Nächstes – nach – inzwischen – später – schließlich – vor – nachdem – bevor – zuletzt – gleichzeitig – zum Schluss – am Ende

Auch Emma hat das Rezept für Tomatensoße aufgeschrieben. Allerdings hat sie die folgende Regel nicht beachtet:

Beschreibe einen Vorgang **sachlich** und möglichst **knapp**.

23 Verbessere Emmas Text, indem du **überflüssige Wörter** oder **Sätze** durchstreichst:

Wenn das Öl endlich heiß ist, gebe ich die Zwiebelstücke hinein. Nach kurzer Zeit fangen meine Augen an zu tränen. Bald geht es mir besser. Nun streue ich erleichtert eine leckere Prise Zucker darüber. Anschließend füge ich Knoblauch hinzu. Den Geschmack von Knoblauch mag ich nämlich sehr gern. Dann gebe ich die Tomaten in den Topf. Jetzt lasse ich alles 20 Minuten lang köcheln und rühre immer wieder um. Ich kann es kaum erwarten, bis die Zeit vorbei ist. Ein paar Blätter Basilikum müssen auch mitkochen. Das hätte ich beinahe vergessen. Zuletzt nehme ich den Topf vom Herd, schmecke alles ab und freue mich über meine gelungene Soße.

Eine Vorgangsbeschreibung rundest du mit einem kurzen **Schlusssatz** ab. Bei einem Kochrezept kannst du z. B. einen Vorschlag machen, wie das Rezept serviert werden kann oder wie man es noch verfeinern kann.

24 Welcher **Schluss** passt zum Rezept für Tomatensoße? Kreuze an:

- ◯ Tomatensoße ist lecker, aber Pizza mag ich noch lieber.
- ◯ Man kann auch eine Schinken-Sahne-Soße kochen.
- ◯ Am besten serviert man die Tomatensoße mit frisch gekochten langen Spaghetti.

Als **Überschrift** genügt bei Kochrezepten in der Regel der Name des Gerichts. **Einleiten** kannst du mit Sätzen wie:

Um eine Pizza zu backen, benötige ich als Zutaten ...

Für Kirschmarmelade braucht man folgende Zutaten: ...

25 Schreibe nun selbstständig ein Kochrezept für **Apfelmus** auf. Wie **heißen** die Zutaten? Du findest sie mit Hilfe des Bildes.

Zutaten:

1 kg ____________________

1 Z____________________

3 Teelöffel ____________________

26 Jetzt werden die **Arbeitsgeräte** genannt. Verbinde jedes Gerät mit dem passenden **Namen**.

Arbeitsbrett

Kochtopf

Teelöffel

Stabmixer

Holzlöffel

Sparschäler

kleines Messer

Zitronenpresse

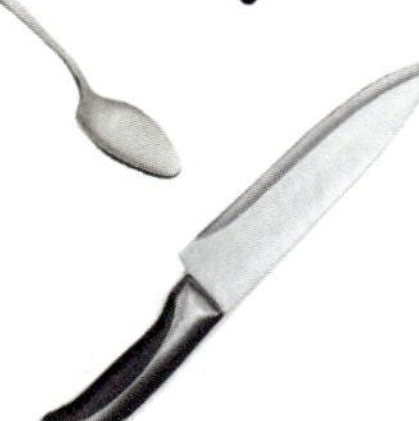

27 Schreibe nun die **Überschrift** und eine kurze **Einleitung** (Zutaten und Arbeitsgeräte) auf.

28 Nun kannst du mit Hilfe der Bilder den **Kochvorgang** aufschreiben. Entscheide dich für eine Schreibform (siehe Seite 16). Wichtige Information: Auf Bild 5 lässt man die Zutaten bei nicht zu großer Hitze köcheln.

1

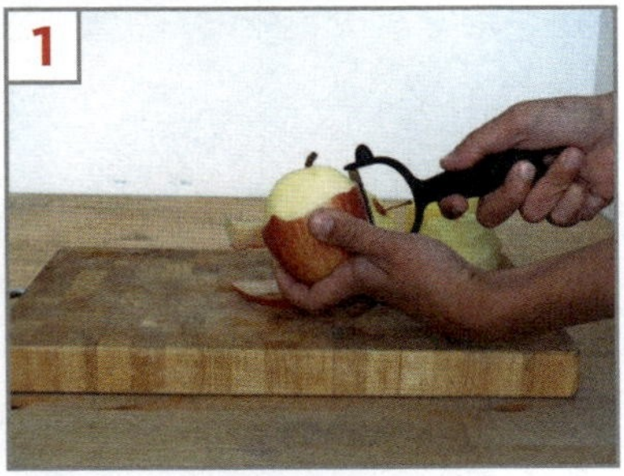

2

3

4

5

6

Überlege selbst, in welchem **Gefäß** das fertige Apfelmus serviert werden soll.

▶ Überarbeite deine Kochanleitung mit diesen Fragen:

	ja	nein	verbessert
Überschrift und einleitender Satz vorhanden?			
Material (Zutaten, Arbeitsgeräte) aufgezählt?			
Sinnvolle Reihenfolge eingehalten?			
Wörter für zeitliche Reihenfolge (danach, nun) verwendet?			
Den Vorgang knapp und sachlich beschrieben?			
Eine Schreibform (ich – du – man – Befehlsform) eingehalten?			
Präsens (Gegenwart) verwendet?			
Rechtschreibfehler?			
Wörter ausgelassen?			

Auch Basteln und Experimentieren sind Vorgänge, die du beschreiben kannst. Auf den nächsten Seiten findest du dazu passende Übungen.

Die Bastelanleitung

Auch **Basteln** ist ein **Vorgang**. Wer für Halloween ein Kürbisgesicht basteln will, braucht eine Bastelanleitung.

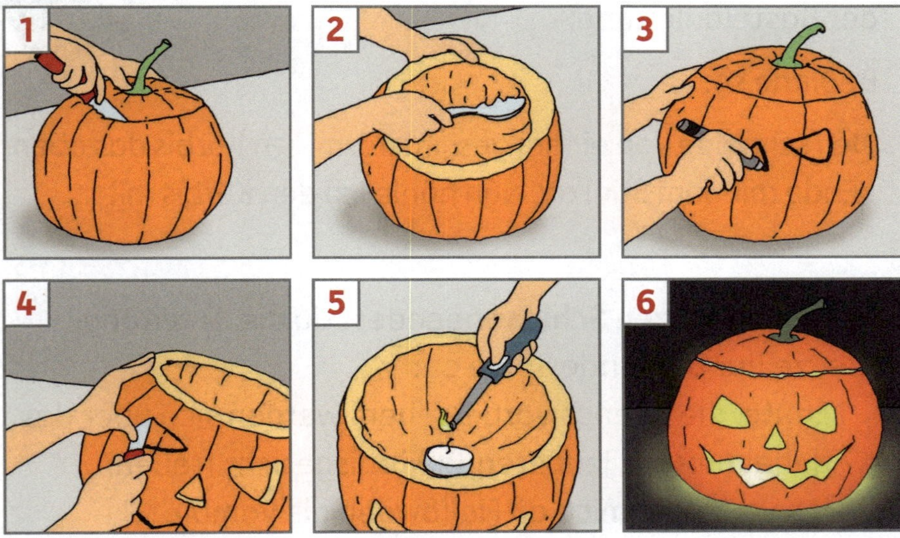

29 Auch für die Bastelanleitung brauchst du einen **Einleitungssatz**. Welcher von beiden passt? Kreuze an:

◯ Zuerst überlege ich, was ich heute basteln könnte.

◯ Jedes Jahr bastle ich an Halloween ein tolles Kürbisgesicht.

30 Nach dem Einleitungssatz schreibst du auf, welches **Material** du brauchst. Für das Kürbisgesicht benötigst du **sechs** Dinge, die im Kasten stehen. **Unterstreiche** sie:

Kürbis – Gabel – Teelicht – Schere – Kerzenanzünder – Wasser – Stift – Löffel – stabiles spitzes Messer

Beschreibe Vorgänge genau und möglichst mit treffenden **Adjektiven** und **Verben**. Schreibe **sachlich**.

31 Schreibe nun mit Hilfe der Bilder den **Hauptteil** der Bastelanleitung.

Beginne so:

Ich schneide von einem gesichtsförmigen Kürbis das obere Ende mit dem Stiel ab. Nun höhle ich den Kürbis mit ...

32 Mit einem kurzen **Schluss** beendest du die Anleitung. Kreuze nur passende Sätze an:

- ◯ Leute, die abends vorbeigehen, werden sich über das geheimnisvoll leuchtende Kürbisgesicht freuen.
- ◯ Ich verkleide mich an Halloween als Vampir.
- ◯ Für die Arbeit an meinem Kürbisgesicht habe ich eine Stunde gebraucht.
- ◯ Eigentlich bastle ich lieber Weihnachtssterne.

33 Welche **Überschriften** passen? Kreuze sie an:

- ◯ So bastelt man ein Kürbisgesicht
- ◯ Bald ist wieder Halloween
- ◯ Eine Bastelanleitung für ein Kürbisgesicht
- ◯ Wofür ein Kürbis alles gut ist

▸ **Verbessere** deine Bastelanleitung mit Hilfe der Tabelle von Seite 22.

Experimente beschreiben

Auch Experimente sind **Vorgänge**. Sie werden beschrieben wie Kochanleitungen. Beim folgenden Experiment wird Tinte in Wasser aufgelöst. Das Bild zeigt, **was** du dazu brauchst, und **wie** du es machst. Sieh es genau an:

34 Das brauchst du: ______________________________

____

So wird es gemacht: ____________________________

____

____

____

Was passiert? Mach das Experiment, dann schreibe es auf:

____

____

(Wenn du keine Zeit hast, dann sieh in der Lösung nach.)

35 Jetzt folgt die Erklärung für den Vorgang.
Setze die Wörter richtig ein:

Hitze – schneller – Moleküle – kaltem – abstoßen – Tinte

Wasser besteht aus unzähligen winzigen Teilchen. Diese nennt man ________________. Sie sind immer in Bewegung, wobei sie sich gegenseitig anziehen und ________________. Je höher ihre Energie ist, umso ________________ bewegen sie sich. Mit ________________ wird mehr Energie zugeführt. Alle Teilchen bewegen sich schneller, auch die Moleküle in der ________________, deshalb löst sie sich in heißem Wasser schneller auf als in ________________.

Malte hat ein interessantes **Experiment** gemacht. Maltes Überschrift: **Ein Luftballon wird ohne Puste aufgeblasen**.

Auf den Fotos siehst du das Experiment:

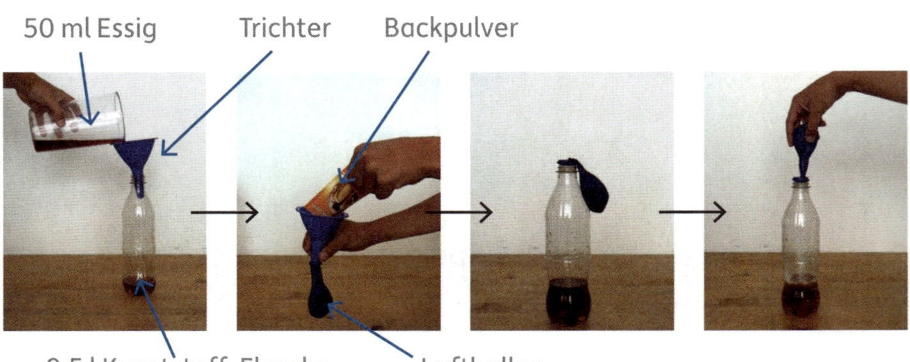

So hat Malte den **Hauptteil** gestaltet. Du wirst gleich merken, dass er sprachlich noch nicht gelungen ist:

Zuerst **tut** man den Essig in die Flasche. Dann **macht** man den Trichter in die Öffnung des Luftballons und **macht** das Backpulver hinein. Nun **tut** man die Öffnung des Ballons über den Flaschenhals, sodass der Ballon an der Seite herabhängt. Es ist wichtig, dass noch kein Backpulver in die Flasche gelangt. Erst jetzt richtet man den Ballon auf, bis das Backpulver in die Flasche **kommt**. Sofort zischt es in der Flasche und der Ballon füllt sich. Wie ist das zu erklären? Backpulver enthält vor allem Natron. **Tut** man Essig hinzu, so gibt es eine heftige chemische Reaktion, bei der das Gas Kohlendioxid **kommt**. Der große Druck **macht**, dass sich der Ballon mit Gas füllt und sich somit selbst aufbläst.

36 Die **fett** gedruckten Wörter sind **ungenau**. Schreibe **treffendere** darüber. Wenn dir kein passendes Wort einfällt, darfst du dir einen Tipp bei Rosi holen.

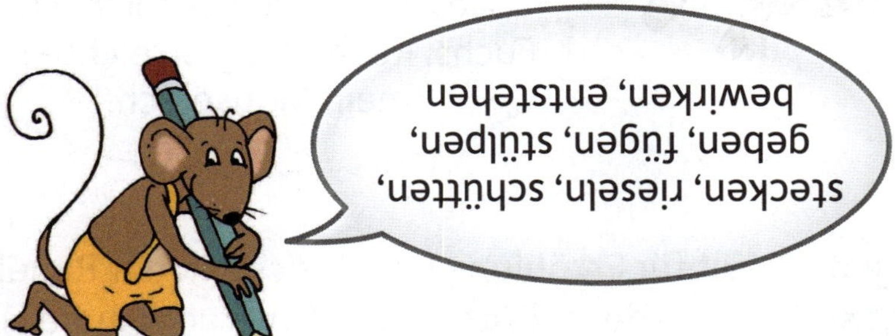

Der Bericht

Wie sich der Bericht von der Erzählung unterscheidet

Man kann ein Ereignis **erzählen** oder davon **berichten**.

Die **Erzählung** ist **unterhaltsam**, oft auch spannend. Sie schmückt ein Geschehen aus. Der Erzähler gibt seine persönlichen **Gefühle**, **Gedanken** und **Eindrücke** wieder. Auch **wörtliche Reden** sollten nicht fehlen.

Der **Bericht** dagegen **informiert** den Leser. Er teilt mit, was **wirklich** geschehen ist. Er beschränkt sich auf das **Wesentliche** und gibt ein Ereignis **sachlich** und **klar** wieder. **Persönliche Meinungen** gehören **nicht** in den Bericht.

Eines jedoch gilt für Erzählung **und** Bericht: In der Regel schreibst du sie beide im **Präteritum** (1. Vergangenheit).

37 Die **Stichwörter** unten sagen, worauf es im Bericht und in der Erzählung jeweils ankommt. Male **rot** an, was für die **Erzählung** zutrifft, **grün**, was für den **Bericht** gilt.

ausschmückend | informierend | teilt Gefühle mit | enthält wörtliche Reden | lebendig | spannend | sachlich | unterhaltsam | enthält nur das Wichtigste | wahrheitsgemäß | eher ausführlich

Die Kinder der 4a sollen von ihrem Ausflug in den Wildpark **berichten**, **nicht** erzählen! Hier sind zwei **Ausschnitte** aus den Texten von Jule und Ben.

Jule:

Nach dem Mittagessen im Restaurant besuchten wir die Greifvogelschau. Der Falkner erklärte uns viel Wissenswertes über die verschiedenen Tiere. Es gab einen Wanderfalken, einen Weißkopfseeadler und einen Uhu.

Ben:

Der Höhepunkt war die große Rohrrutsche auf dem Spielplatz. Mann, machte das Spaß! Beim Rutschen kitzelte es richtig im Bauch. „Komm wir rutschen alle in einer Reihe“, rief mein Freund Stefan. Das war eine tolle Idee. Wir kletterten so oft nach oben, dass wir ins Schwitzen kamen. Am liebsten wäre ich den ganzen Tag dort geblieben!

38 Jetzt sollst du herausfinden, wer von beiden Kindern **erzählt** und wer **berichtet**. Die **Stichwörter** auf der vorhergehenden Seite **helfen** dir dabei.

Jule ____________________, weil ihr Text ____________________

____

____

Ben ____________________, weil er ____________________

____

____

Ein Schaden wird berichtet

Katharina Steiners Brille ist kaputt, weil ihr Mitschüler Moritz Krug mit Absicht daraufgetreten ist. Herr Jakob, der Klassenlehrer, muss einen Bericht über den Schaden anfertigen, d. h. eine **Schadensmeldung** ausfüllen.
Es ist zu prüfen, wer die Brille bezahlen muss. Nele Sperber ist Augenzeugin. Herr Jakob sagt: „Nele, schreib einen Bericht, in dem steht, was du beobachtet hast."

Das ist **Neles** Bericht:

Es war ein schöner, warmer Frühlingstag. Am 29. März verbrachten wir die erste Pause im Schulhof. Das war lustig. Auf einmal beobachtete ich, wie Moritz und Katharina heftig miteinander stritten. Katharina ist meine beste Freundin. Ich lief hin, weil ich wissen wollte, worum es ging. Moritz verlangt zwei Euro, die Katharina ihm schuldig war. Auf einmal packte Moritz Katharina so fest am linken Arm, dass sie laut aufschrie. Ich wurde wütend: „Bist du verrückt? Du tust ihr weh!" Doch Katharina riss sich los. Dabei stößt sie mit der Hand versehentlich an ihre Brille. Die hatte sie erst vor zwei Wochen gekauft. Die Brille fiel zu Boden. Und was machte der wütende Moritz? Moritz tritt mit dem Fuß auf Katharinas Brille, die sofort in mehrere Stücke zerbrach. Katharina fing bitterlich an zu weinen. „Eine schöne Bescherung!", dachte ich.

39 Nicht alles, was Nele schreibt, kann Herr Jakob für seine Schadensmeldung brauchen.

- Streiche alle Sätze durch, die im **Erzählstil** stehen oder für die Schadensmeldung **unwichtig** sind.
- Nele hat in ihrem Bericht nicht immer das **Präteritum** (1. Vergangenheit) eingehalten. Unterstreiche Verben (Tunwörter), die in der **falschen Zeit** stehen, **rot**.

40 Schreibe die Verben in der richtigen Zeit auf.

In einem Bericht sind diese **W-Fragen** zu beantworten:
Wer? Wann? Wo? Was? Wie? Warum? Welche Folgen?

41 Nun kann der Lehrer das Formular ausfüllen. Verwende Neles überarbeiteten Text sowie den Text auf Seite 30 und fülle die Tabelle in **Stichpunkten** aus:

	Schadensbericht
Einleitung	**Wer** war beteiligt (auch **Zeugen**)?
	Wann geschah es (**Zeitpunkt**)?
	Wo ist es passiert (**Ort**)?
Hauptteil	**Was** geschah? **Warum** geschah es?
Schluss	Mit **welchen Folgen**?

42 Schreibe nun nur den **Hauptteil** des Berichts, in dem der Vorfall geschildert wird, mit Hilfe der ausgefüllten Tabelle auf.

In einem Bericht geht es oft um den Zusammenhang von **Ursache** und **Folge**. Jana hatte einen Unfall:

Es wurde eiskalt. Der Regen gefror. Die Straße war glatt. Jana rutschte aus.

Die Sätze stehen ohne Zusammenhang nebeneinander.
Besser ist es, wenn Sätze logisch verbunden werden.
Für diese beiden Sätze gibt es **vier** Möglichkeiten:

Es wurde eiskalt. Der Regen gefror.

1. Es wurde eiskalt, **deshalb** gefror der Regen.
2. **Weil** es eiskalt wurde, gefror der Regen.
3. Der Regen gefror, **denn** es wurde eiskalt.
4. **Wegen** der Eiseskälte gefror der Regen.

43 Verbinde jetzt die nächsten beiden Sätze ebenso:

Die Straße war glatt. Jana rutschte aus.

1. ______________________________

____

2. ______________________________

____

3. ______________________________

____

4. ______________________________

____

Zwei Berichte für die Schülerzeitung

Robin nahm an einem Zeltwochenende teil. Er schreibt darüber eine **Erzählung**. Hier ist der **Hauptteil**. Ihn sollst du anschließend in einen **Bericht** für die Schülerzeitung umformen. Lies zuerst:

Als wir am Zeltplatz ankamen, sagte unser Sportlehrer: „Baut jetzt die Zelte auf." Das wurde lustig, und nach einer halben Stunde hatten wir es geschafft. Anschließend spielte ich mit Clara Federball.
Nach dem Abendessen wollten wir eine Nachtwanderung machen. Wir konnten es kaum mehr erwarten, bis es so weit war. Plötzlich schrie Mia: „Meine Schuhe sind weg!" Wir suchten und suchten überall. Umsonst. So ein Mist! Es dämmerte schon. Endlich fand Clara die Schuhe in Mias kleiner Tasche. Wir waren erleichtert.
Die Nachtwanderung wurde ein aufregendes Erlebnis. Bei einer Hütte setzten wir uns auf den Waldboden und Herr Feldmeier erzählte uns eine Gruselgeschichte. Wir rückten näher zusammen, weil wir uns ein bisschen fürchteten. Als wir uns auf den Rückweg machten, war es beinahe finstere Nacht. Hinter jedem Baum vermutete ich ein Gespenst.
Noch vor Mitternacht erreichten wir endlich den Zeltplatz. Erschöpft fiel ich auf meine Matratze und schlief ein.

44 Überlege, was für einen **sachlichen Bericht** nicht wichtig ist, was du also weglassen kannst. Streiche entsprechende Sätze (Wörter) durch.

45 Schreibe jetzt einen Bericht in sachlicher Sprache und beginne so:

Am Zeltplatz angekommen, bauten wir innerhalb einer halben Stunde die Zelte auf. Danach spielte ich ...

Bei deinem Bericht fehlen noch Einleitung, Schluss und Überschrift.

Die **Einleitung** zu einem Bericht informiert den Leser, um **welches Ereignis** es sich handelt, **wann** und **wo** es stattgefunden hat und **wer** daran beteiligt war.

46 Schreibe nun zu deinem Bericht die **Einleitung**. Diese Informationen helfen dir dabei:

Kindergruppe des Sportvereins – Zeltwochenende – vom 11. bis 12. Juli – Zeltplatz im Spessart – Sportlehrer Herr und Frau Feldmeier als Begleiter

Beginne so:

Vom 11. bis 12. Juli verbrachten wir, die Kindergruppe ...

Mit einem **Schlusssatz** gibst du einen **Ausblick** oder **rundest** deinen Bericht **ab**.
Bei einem Unfallbericht gehst du im Schluss vor allem auf die **Folgen** des Vorfalls ein.

47 Welcher Schlusssatz zum Bericht über das Zeltwochenende passt am besten?

◯ Das Zeltwochenende war für alle ein großes Erlebnis und sollte bald wiederholt werden.
◯ Wir kamen am Sonntag erschöpft zu Hause an.

Wenn dein Bericht fertig ist, suchst du eine passende **Überschrift**. Sie soll sachlich über den Inhalt des Berichts informieren.

48 Kreuze an, welche der folgenden Überschriften am besten passt:

◯ Eine unheimliche Nachtwanderung
◯ Wir waren beim Zelten
◯ Ein Zeltwochenende im Spessart

49 Schreibe zum Abschluss einen **vollständigen** Bericht zu dem Vorfall, der auf der Bildergeschichte dargestellt ist. Alle Angaben zu Namen, Ort und Zeit musst du erfinden.

▶ **Überarbeite** deine Berichte mit diesen Fragen:

	ja	nein	verbessert
Einleitungssatz, Schlusssatz und Überschrift verfasst?			
Wichtige W-Fragen beantwortet: wer? – wann? – wo? – was? – wie? – warum? – welche Folgen?			
Zeitliche Reihenfolge beachtet?			
Über den Vorfall knapp, aber so ausführlich wie nötig berichtet?			
Alles Wichtige berichtet und Unwichtiges weggelassen?			
Präteritum (1. Vergangenheit) verwendet?			
Genaue und sachliche Sprache benutzt?			
Rechtschreibfehler?			
Wörter ausgelassen?			

Geschichten erzählen

Die Nacherzählung

Bei der **Nacherzählung** werden dir die Geschichten meistens **zweimal** vorgelesen.

- Beim **ersten** Vorlesen achtest du auf den **Inhalt** und den **Sinn** der Geschichte: **Wer** tut etwas, **wo**, **wann** und **wie** passiert etwas?
- Beim **zweiten** Vorlesen achtest du auf **wichtige Einzelheiten**, die **Reihenfolge** der Ereignisse, **wörtliche Reden** und die **Zeit**, in der die Geschichte steht.
- Beachte beim **Aufschreiben** die **Reihenfolge** der Geschichte. Lass nichts **Wichtiges** weg und erfinde **nichts Neues** hinzu. Verändere die **Zeitform** nicht.

50 Hast du dir diese Ratschläge eingeprägt? Schreibe in die Lücken die richtigen Wörter (ohne nachzusehen):

Ich merke mir: __________ tut etwas, __________, __________ und __________ passiert etwas in der Geschichte?

Ich schreibe die Geschichte in der richtigen __________________ auf.

Ich lasse nichts __________________ weg und erfinde nichts __________________ hinzu.

Außerdem verändere ich die __________________ nicht.

Lies diese fantastische Geschichte von einem Jungen so oft, dass du anschließend Fragen beantworten kannst:

Wenn nicht alles lief, wie Max sich das vorstellte, wurde er schrecklich wütend. Einmal wollte er seine Hausaufgaben nicht machen. Zur Strafe sperrte ihn Mama ins Zimmer ein. Da schlug er zornig mit seinen Füßen gegen Stühle und Schränke, warf Teller und Tassen auf den Boden und zerfetzte das Lesebuch. Er zog die Katze am Schwanz und warf den Vogelkäfig um. Zuletzt sank er erschöpft in den Sessel und schrie: „Jetzt geht es mir gut!“
Da begann ein großer Zauber. Die Dinge wurden lebendig und näherten sich drohend Max. Aus dem zerfetzten Lesebuch stieg die kleine Marie, deren Geschichte er so liebte, und klagte ihr Leid. Es wurde dunkel. Plötzlich stand die Katze wie ein großes Ungeheuer vor ihm. Voller Angst warf er sich auf den Boden und schloss die Augen. Als er sie wieder öffnete, fand er sich im Garten wieder. Der Mond schien. Der Apfelbaum klagte, weil Max ihn einmal mit dem Messer verletzt hatte. Als ihn die Tiere entdeckten, kamen sie drohend auf ihn zu. Er hatte sie so oft geärgert. Verzweifelt rief Max: „Mama, hilf mir!“ Plötzlich sah er, dass die Katze sich in dem Getümmel verletzt hatte. Er nahm sein Taschentuch und verband liebevoll ihre Wunde.
Damit war der Bann gebrochen. Die Tiere nahmen Max in ihre Mitte. Das Eichhörnchen sagte: „Es ist gut, das Kind.“ Mama kam und Max sank glücklich in ihre Arme.

Aufsatz

Deutsch 4. Klasse

Lösungen

Dieser Lösungsteil ist herausnehmbar!
Klammern in der Mitte des Heftes öffnen!

1

2 Die Fee heißt Lilo. Sie ist jung und noch klein. Sie hat einen zarten Körper und einen ~~länglichen~~ runden Kopf. Ihre langen, ~~braunen~~ blonden Haare sind gewellt. Lustig sind ihre schwarzen Kulleraugen. Die rosa Bäckchen neben der ~~großen~~ winzigen Nase sehen aus wie gemalt. Aus ihrem Rücken wachsen zwei hellblaue Flügel hervor. Ihr Mund ~~schien~~ scheint zu lächeln. Das Röckchen ihres Kleides hat die Form von Blütenblättern. Ihre kleinen Füße ~~steckten~~ stecken in rosafarbenen Schuhen passend zu ihrem Kleid. Lilo ist liebenswert. Sie ~~konnte~~ kann fliegen.

- Der unterstrichene Satz gehört zur Beschreibung des Gesichts und sollte dort anschließen.
- **Vergessen** wurde, dass Lilo einen **Zahn** in den Händen hält.

3 Die Fee heißt Lilo. Sie ist jung und noch klein. Sie hat einen zarten Körper und einen runden Kopf. Ihre langen, blonden Haare sind gewellt. Lustig sind ihre schwarzen Kulleraugen. Die rosa Bäckchen neben der winzigen Nase sehen aus wie gemalt. Ihr Mund scheint zu lächeln. Aus ihrem Rücken wachsen zwei hellblaue Flügel hervor. Das Röckchen ihres Kleides hat die Form von Blütenblättern. Ihre kleinen Füße stecken in rosafarbenen Schuhen passend zu ihrem Kleid. In ihren Händen hält sie einen großen Zahn. Lilo ist liebenswert. Sie kann fliegen.

4 Teufelsblitz hat **dunkle**, **wilde** Augen. Seine **riesige** Hakennase ist übersät mit Warzen. Er hat einen **schiefen** Mund mit **schmalen** Lippen und einen **schwarzen** Stoppelbart. **Braune**, **struppige** Haare schauen unter seinem Hut hervor. Der hat eine **breite** Krempe und eine **blaue** Hahnenfeder.

5 Das **Mädchen** hat eine ovale Kopfform. Ihre Ohren werden von den langen dunklen und glatten Haaren verdeckt. Die dunkelbraunen großen Augen passen gut zur Farbe ihrer Haare. Sie hat eine gerade nicht zu lange und breite Nase. Der Mund ist breit mit vollen, roten Lippen.

Der **Junge** hat eine schmale Kopfform, rotblonde kurze Haare und abstehende große Ohren. Seine Augen sind hellblau und eher schmal, die Nase nicht zu groß und gerade. Sein Mund ist klein. Die blassroten Lippen sind leicht nach unten gezogen.

6 Ella hat schöne, dunkelbraune Augen. Sie passen gut zu ihrem sanften und hilfsbereiten Wesen. Ella ist ein fröhliches Mädchen und liebt ihre Freunde. Ihr schlanker, durchtrainierter Körper hat eine bräunliche Hautfarbe. Sie mag Sport, besonders Reiten und Segeln. Für ihr Alter ist sie nicht besonders groß.

7 Als Beispiel findest du hier die Beschreibung von Emily:

Ich heiße Emily Frank. Ich bin 10 Jahre alt und, wie mein Name schon verrät, ein Mädchen.
Ich bin 131 cm groß, also eher klein. Ich selbst würde mich als schlank bezeichnen. Meine Kopfform ist schmal und meine dunkelbraunen Haare reichen ein Stück weit über die Schultern hinaus. Meistens trage ich einen Pferdeschwanz. Ich habe eine helle Gesichtsfarbe, blaue Augen und dichte Augenbrauen. Meine Nase ist ziemlich breit, wie auch mein Mund. Meine Lippen sind normal, weder zu voll noch zu schmal.
Ich trage gerne dunkle Jeans und helle gestreifte Shirts. Wenn ich zu einem Fest eingeladen bin, ziehe ich auch ein schönes Kleid an.
Ich lache gerne, kann aber auch zornig werden, wenn man mich ärgert. Leider bin ich etwas unordentlich, aber meine Hausaufgaben mache ich zuverlässig.
Meine Hobbys sind Reiten, Lesen und Freunde treffen. Meistens bin ich mit mir selbst zufrieden.

8

Was?	eine Mütze
Größe	56
Farben	3 Querstreifen: schwarz, blau, weiß; oben grau
Material	Baumwolle
Besonderheiten	unten kleines Loch

9

Name des Gegenstands	Farbe	Form	Material
Pyramide	ockerfarben, gelbbraun	Pyramide	Kalkstein, Granit
Sandkasten	grün	Rechteck	Holz
Zuckerstück (Würfelzucker)	weiß	Würfel	Zucker
Schmuckanhänger	silberfarben	Herz	Silber
Dose	grau, silberfarben	Zylinder	Blech

10

11

12

	Name	Form, Farbe, Material
1	Lenker	gerade, grau, Metall
2	Aufstecklampe	länglich, blau, Kunststoff
3	Handgriffe	gelb, Kunststoff
4	Klingel	gelb mit Smiley
5	Gepäckträger	rot, Metall
6	Rahmen	vorne rot, hinten silberfarben, Leichtmetall
7	Katzenauge	gefasst in grünem Kunststoff
8	Kettenschutz	rot, Kunststoff

13 Eine **Stützstange** am Gepäckträger ist **verbogen**.
Im Rahmen ist die **Fahrradmarke Tiger** zu lesen.

14 Emmas Fahrrad aus Leichtmetall ist seit Samstag verschwunden. Der vordere Rahmenteil ist rot, der hintere silberfarben wie auch die beiden Schutzbleche. Der Kettenschutz aus Kunststoff ist so rot wie der Gepäckträger aus Metall. Am Gepäckträger ist außerdem das Rücklicht angebracht, das in einer blauen Kunststoffhülle steckt. Darunter am Schutzblech befindet sich ein roter Rückstrahler. Die beiden Räder haben schwarze Reifen. In ihren Speichen stecken jeweils zwei Katzenaugen in einer grünen Kunststoffhülle. Die Farbe des Sattels ist schwarz. Ebenso schwarz sind die Pedale, die jeweils an ihrer Vorderseite Pedalreflektoren haben. Der gerade Lenker hat gelbe Handgriffe, rechts und links befinden sich die Hebel für Vorder- und Rückbremse. Die gelbe Klingel auf der linken Seite ist mit einem Smiley verziert. Auf der rechten Seite befindet sich der Schalter für die Nabenschaltung. In der Mitte des Lenkers befindet sich eine Aufstecklampe mit blauem Gehäuse. Darunter ist an der Lenkerstange ein weißer Reflektor angebracht. Wichtig sind noch zwei besondere Kennzeichen: Auf dem vorderen Rahmen steht die Marke Tiger. Eine Stange des Gepäckträgers ist verbogen. Emmas Fahrrad ist ziemlich neu.

15 Die Fehler wurden direkt im Text verbessert.

Ich habe meinen Namensanhänger verloren. ~~Ich mag ihn sehr.~~ Er ist etwa 8 Zentimeter lang und hat einen Karabinerverschluss; dieser ist aus Metall wie auch das **Pferd** am anderen Ende. Es wird im **Galopp** mit wehender Mähne gezeigt. Dem Verschluss folgen **drei** kleine Kugeln aus Rosenquarz, ein größerer **rosa** Glasstein und noch eine weitere Rosenquarzkugel. ~~Die Farben sind wunderschön.~~ Es folgen **fünf weiße** Kunststoffscheiben mit den Buchstaben meines Namens: L–I–L–L–Y. Zwischen jedem Buchstaben häng**t eine** Kugel aus Rosenquarz, vor dem Pferd drei sowie ein **Herz** aus **Metall**. ~~Meiner Freundin gefällt der Namensanhänger.~~ Wer ihn gefunden hat, melde sich bitte bei Lilly Meerkatz, Klasse 4b.

16 Am letzten Mittwoch (12. Januar) habe ich nach der 2. Unterrichtsstunde im Umkleideraum der Sporthalle meinen Ohrring verloren. Er ist leuchtend grün und hat die Form einer ovalen Scheibe, etwa einen Zentimeter groß. Sie besteht aus Kunststoff, in den ein dunkler Faden eingeschmolzen ist. Seine Windungen erinnern an ein Schneckenhaus. Obenauf sitzt eine kleine geschliffene ebenfalls grüne Glaskugel. Der Ohrring hängt an einem vergoldeten offenen Hakenverschluss mit Spirale, Kügelchen und Ring.
Ich würde mich freuen, wenn der Finder den Ohrring bei Rosi Maiwald in der Klasse 4c oder im Sekretariat abgeben würde.

17 1 Dose passierte Tomaten – $1\frac{1}{2}$ Zehen Knoblauch – 1 Zwiebel – 1 Esslöffel Olivenöl – einige Blätter Basilikum – eine Prise Zucker – 1 Teelöffel Salz – nach Bedarf Pfeffer

18

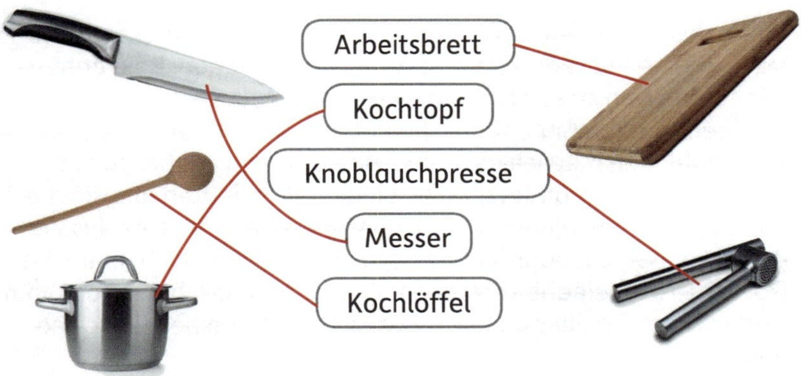

19 Um eine Tomatensoße zu kochen, benötige ich folgende Zutaten: eine Dose passierte Tomaten, $1\frac{1}{2}$ Zehen Knoblauch, eine Zwiebel, ein Esslöffel Olivenöl, einige Basilikumblätter, eine Prise Zucker, ein Teelöffel Salz und nach Bedarf Pfeffer. Folgende Arbeitsgeräte richte ich her: ein Arbeitsbrett, ein Messer, eine Knoblauchpresse, einen Kochlöffel sowie einen Kochtopf.

20 Zuerst öffnet **man** die Dose mit den passierten Tomaten. Dann pflückt **man** von dem Zweig Basilikum einige Blätter ab und schneidet sie klein. Anschließend zerdrückt **man** $1\frac{1}{2}$ Knoblauchzehen mit der Knoblauchpresse. Zuletzt schält **man** eine Zwiebel und schneidet sie klein.

21 In dieser Reihenfolge musstest du die Ziffern eintragen:
6 – 4 – 5

22 **Zuerst** erhitzt **du** einen Esslöffel Olivenöl in einem Topf. **Danach** gibst du die Zwiebelstücke ins Öl und lässt sie kochen, bis sie glasig sind. **Gleichzeitig** streust du eine Prise Zucker darüber. **Anschließend** gibst du zu den glasigen Zwiebeln Knoblauch und salzt und pfefferst sie schwach. **Als Nächstes** fügst du die passierten Tomaten und die Basilikumblätter hinzu. **Jetzt** schaltest du die Hitze herunter und lässt die Zutaten etwa 20 Minuten köcheln, **während** du immer wieder umrührst. **Dann** nimmst du den Topf vom Herd. **Zuletzt** schmeckst du die Soße mit Salz und Pfeffer ab.

23 Wenn das Öl ~~endlich~~ heiß ist, gebe ich die Zwiebelstücke hinein. ~~Nach kurzer Zeit fangen meine Augen an zu tränen. Bald geht es mir besser.~~ Nun streue ich ~~erleichtert~~ eine ~~leckere~~ Prise Zucker darüber. Anschließend füge ich Knoblauch hinzu. ~~Den Geschmack von Knoblauch mag ich nämlich sehr gern.~~ Dann gebe ich die Tomaten in den Topf. Jetzt lasse ich alles 20 Minuten lang köcheln und rühre immer wieder um. ~~Ich kann es kaum erwarten, bis die Zeit vorbei ist.~~ Ein paar Blätter Basilikum müssen auch mitkochen. ~~Das hätte ich beinahe vergessen.~~ Zuletzt nehme ich den Topf vom Herd, schmecke alles ab ~~und freue mich über meine gelungene Soße~~.

24 ☒ Am besten serviert man die Tomatensoße mit frisch gekochten langen Spaghetti.

25 1 kg Äpfel
1 Zitrone
3 Teelöffel Zucker

26

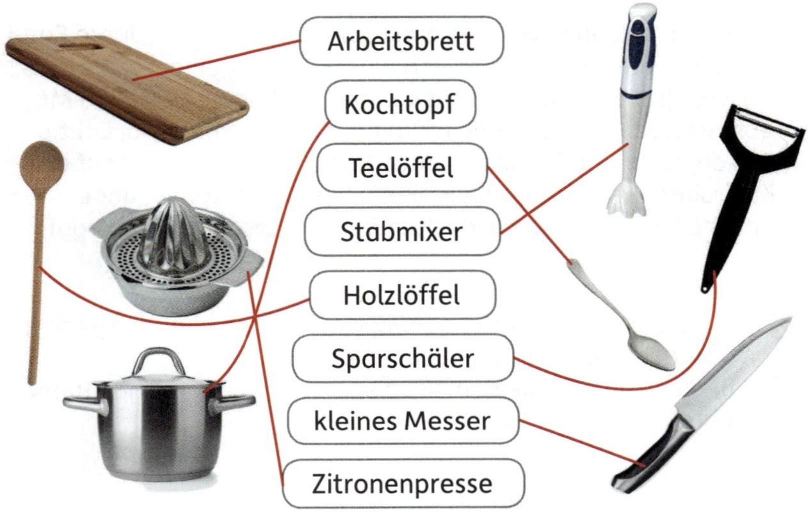

27

Apfelmus
Um ein Apfelmus zu kochen, benötigst du 1 kg Äpfel, eine Zitrone und 3 Teelöffel Zucker. Außerdem brauchst du folgende Arbeitsgeräte: einen Topf, ein Arbeitsbrett, einen Stabmixer, einen Sparschäler, eine Zitronenpresse, einen Teelöffel, ein kleines Messer und einen Holzlöffel.

28

Zuerst schälst du die Äpfel. Dann viertelst du sie und entfernst Kerngehäuse und Stiel. Anschließend presst du die Zitrone aus. Jetzt gibst du die Apfelscheiben in den Kochtopf und fügst den Zucker und den Zitronensaft hinzu. Nun stellst du den Topf auf die Herdplatte und lässt alles bei nicht zu großer Hitze köcheln. Dabei solltest du regelmäßig umrühren. Wenn das Ganze weich ist, pürierst du es mit dem Stabmixer. Zum Schluss füllst du das Apfelmus in kleine Glasschälchen.

29 ☒ Jedes Jahr bastle ich an Halloween ein tolles Kürbisgesicht.

30 Kürbis – Gabel – Teelicht – Schere – Kerzenanzünder – Wasser – Stift – Löffel – stabiles spitzes Messer

31 Ich schneide von einem gesichtsförmigen Kürbis das obere Ende mit dem Stiel ab. Nun höhle ich den Kürbis mit einem Löffel aus. Anschließend zeichne ich mit einem Stift Augen, Nase und Mund auf. Als Nächstes schneide ich mit der Messerspitze vorsichtig Augen, Nase und Mund aus. Jetzt kann ich das Teelicht auf den Kürbisboden stellen und mit einem langen Kerzenanzünder anzünden. Zuletzt setze ich das obere Kürbisende wieder auf.

32
- ☒ Leute, die abends vorbeigehen, werden sich über das geheimnisvoll leuchtende Kürbisgesicht freuen.
- ☒ Für die Arbeit an meinem Kürbisgesicht habe ich eine Stunde gebraucht.

33
- ☒ So bastelt man ein Kürbisgesicht
- ☒ Eine Bastelanleitung für ein Kürbisgesicht

34 **Das brauchst du:** zwei gleich große Trinkgläser – heißes und kaltes Wasser – Tinte

So wird es gemacht: In das erste Glas wird heißes Wasser gefüllt, in das zweite die gleiche Menge kaltes Wasser. Anschließend werden in jedes Glas ein bis zwei Tropfen Tinte geträufelt.

Was passiert? Die Tinte in dem Glas mit heißem Wasser löst sich schneller auf.

35 Wasser besteht aus unzähligen winzigen Teilchen. Diese nennt man **Moleküle**. Sie sind immer in Bewegung, wobei sie sich gegenseitig anziehen und **abstoßen**. Je höher ihre Energie ist, umso **schneller** bewegen sie sich. Mit **Hitze** wird mehr Energie zugeführt. Alle Teilchen bewegen sich schneller, auch die Moleküle in der **Tinte**, deshalb löst sie sich in heißem Wasser schneller auf als in **kaltem**.

36 Zuerst **gibt** man den Essig in die Flasche. Dann **steckt** man den Trichter in die Öffnung des Luftballons und **schüttet** das Backpulver hinein. Nun **stülpt** man die Öffnung des Ballons über den Flaschenhals, sodass der Ballon an der Seite herabhängt. Es ist wichtig, dass noch kein Backpulver in die Flasche gelangt. Erst jetzt richtet man den Ballon auf, bis das Backpulver in die Flasche **rieselt**. Sofort zischt es in der Flasche und der Ballon füllt sich. Wie ist das zu erklären? Backpulver enthält vor allem Natron. **Fügt** man Essig hinzu, so gibt es eine heftige chemische Reaktion, bei der das Gas Kohlendioxid **entsteht**. Der große Druck **bewirkt**, dass sich der Ballon mit Gas füllt und sich somit selbst aufbläst.

37

ausschmückend | informierend | teilt Gefühle mit | enthält wörtliche Reden | lebendig | spannend | sachlich | unterhaltsam | enthält nur das Wichtigste | wahrheitsgemäß | eher ausführlich

38 Jule **berichtet**, weil ihr Text sachlich informiert und nur das Wichtigste enthält. Man darf auch davon ausgehen, dass alles stimmt, was sie schreibt.

Ben **erzählt**, weil er das Ausflugserlebnis unterhaltsam wiedergibt. Er teilt seine Gefühle mit, also was Spaß macht oder toll ist. Auch wörtliche Rede benutzt er.

39 ~~Es war ein schöner, warmer Frühlingstag.~~ Am 29. März verbrachten wir die erste Pause im Schulhof. ~~Das war lustig.~~
Auf einmal beobachtete ich, wie Moritz und Katharina heftig miteinander stritten. ~~Katharina ist meine beste Freundin.~~ Ich lief hin, weil ich wissen wollte, worum es ging. Moritz verlangt zwei Euro, die Katharina ihm schuldig war. Auf einmal packte Moritz Katharina so fest am linken Arm, dass sie laut aufschrie. ~~Ich wurde wütend: „Bist du verrückt? Du tust ihr weh!“~~ Doch Katharina riss sich los. Dabei stößt sie mit der Hand versehentlich an ihre Brille. ~~Die hatte sie erst vor zwei Wochen gekauft.~~ Die Brille fiel zu Boden. ~~Und was machte der wütende Moritz?~~ Moritz tritt mit dem Fuß auf Katharinas Brille, die sofort in mehrere Stücke zerbrach. ~~Katharina fing bitterlich an zu weinen. „Eine schöne Bescherung!“, dachte ich.~~

40 Moritz **verlangte** – dabei **stieß** sie – Moritz **trat**

41

	Schadensbericht
Einleitung	**Wer** war beteiligt (auch **Zeugen**)? Katharina Steiner und Moritz Krug; Augenzeuge: Nele Sperber **Wann** geschah es (**Zeitpunkt**)? 29. März während der 1. Pause **Wo** ist es passiert (**Ort**)? auf dem Schulhof
Hauptteil	**Was** geschah? **Warum** geschah es? Katharina und Moritz Streit wegen 2 Euro – Moritz packte Katharina am Arm – Katharina riss sich los – Brille fiel zu Boden – Moritz trat auf die Brille
Schluss	Mit **welchen Folgen**? Brille kaputt – Moritz Krug Schadensersatz

42 Moritz und Katharina stritten sich, weil Moritz zwei Euro, die Katharina ihm schuldete, zurückhaben wollte. Dabei packte Moritz Katharina hart am linken Arm. Katharina konnte sich losreißen und stieß dabei ohne Absicht mit der Hand an die Brille. Diese fiel auf den Boden und Moritz trat mit dem Fuß darauf, wobei die Brille in mehrere Stücke zerbrach.

43

1. Die Straße war glatt, **deshalb** rutschte Jana aus.
2. **Weil** die Straße glatt war, rutschte Jana aus.
3. Jana rutschte aus, **denn** die Straße war glatt.
4. **Wegen** der Straßenglätte rutschte Jana aus.

44 Als wir am Zeltplatz ankamen, ~~sagte unser Sportlehrer: „Baut jetzt die Zelte auf.“ Das wurde lustig,~~ und nach einer halben Stunde hatten wir es geschafft. Anschließend spielte ich mit Clara Federball. Nach dem Abendessen wollten wir eine Nachtwanderung machen. ~~Wir konnten es kaum mehr erwarten, bis es so weit war. Plötzlich schrie Mia: „Meine Schuhe sind weg!“~~ Wir suchten ~~und suchten~~ überall. ~~Umsonst. So ein Mist!~~ Es dämmerte schon. ~~Endlich~~ fand Clara die Schuhe in Mias kleiner

Tasche. ~~Wir waren erleichtert. Die Nachtwanderung wurde ein aufregendes Erlebnis.~~ Bei einer Hütte setzten wir uns auf den Waldboden und Herr Feldmeier erzählte uns eine Gruselgeschichte. ~~Wir rückten näher zusammen, weil wir uns ein bisschen fürchteten.~~ Als wir uns auf den Rückweg machten, war es beinahe finstere Nacht. ~~Hinter jedem Baum vermutete ich ein Gespenst~~.
Noch vor Mitternacht erreichten wir ~~endlich~~ den Zeltplatz.
~~Erschöpft fiel ich auf meine Matratze~~ und schlief ein.

45 Am Zeltplatz angekommen, bauten wir innerhalb einer halben Stunde die Zelte auf. Danach spielte ich mit Clara Federball. Die nach dem Abendessen geplante Nachtwanderung verzögerte sich, da Mia ihre Schuhe suchte. Clara fand diese schließlich in Mias Tasche. Auf der Wanderung kamen wir zu einer Waldhütte, bei der wir uns auf den Boden setzten, während Herr Feldmeier uns eine Gruselgeschichte erzählte. Als wir uns auf den Rückweg machten, war es fast finster. Wir erreichten den Zeltplatz vor Mitternacht. Ich legte mich gleich schlafen.

46 Vom 11. bis 12. Juli verbrachten wir, die Kindergruppe des Sportvereins, ein Zeltwochenende auf einem Zeltplatz im Spessart. Als Begleiter waren unsere Sportlehrer Herr und Frau Feldmeier dabei.

47 ☒ Das Zeltwochenende war für alle ein großes Erlebnis und sollte bald wiederholt werden.

48 ☒ Ein Zeltwochenende im Spessart

49 Dies ist natürlich nur ein Lösungsvorschlag:

Geglückte Rettung nach einem Eisunfall
Am vergangenen Samstagnachmittag fuhren die Freunde Jakob, Zoe und David auf dem zugefrorenen Rieder See Schlittschuh. Die Eisdecke war in Ufernähe an verschiedenen Stellen noch nicht tragfähig. David fuhr als Erster los, brach aber bereits nach wenigen Metern ein. Er konnte sich jedoch mit den Armen an der Eiskante festhalten. Ein in der Nähe vorbeifahrender Skilangläufer

wurde von Jakob und Zoe herbeigerufen. Er legte seine Skier vor sich aufs Eis und robbte auf dem Bauch dem Verunglückten entgegen. David fasste die beiden Skienden und konnte so herausgezogen werden. Inzwischen hatte Zoe mit dem Handy die Rettungsstelle (112) verständigt. Bis zum Eintreffen des Rettungswagens wärmten alle den frierenden David mit ihren Kleidungsstücken. Nach 20 Minuten traf der Rettungswagen ein und brachte David zur Untersuchung ins Kreiskrankenhaus.
Er war unterkühlt und wurde entsprechend behandelt. Nach drei Tagen konnte er das Krankenhaus wieder verlassen.

50 Ich merke mir: **Wer** tut etwas, **wann**, **wo** und **wie** passiert etwas in der Geschichte? Ich schreibe die Geschichte in der richtigen **Reihenfolge** auf. Ich lasse nichts **Wichtiges** weg und erfinde nichts **Neues** hinzu. Außerdem verändere ich die **Zeitform** nicht.

51
- Welche **wirklichen** Personen kommen vor? **Max, Mama**
- Welche Tiere? **Katze, Eichhörnchen**
- Zwei Dinge verschont Max. Streiche sie durch:

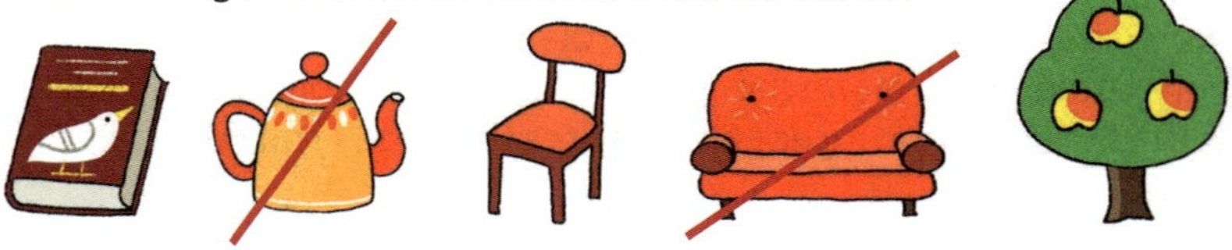

- Bringe die Stichwortsätze in die **richtige Reihenfolge**:

2	Mutter straft Kind	**STG**
5	Katze verbinden	**IND**
4	Dinge bedrohen Kind	**ASK**
3	Katze am Schwanz ziehen	**UTD**
1	Hausaufgaben nicht gemacht	**ESI**

ES IST GUT, DAS KIND.

Spielerisch üben in Kindergarten & Grundschule

Kindergarten und Vorschule

619 Kindergartenblock – Gemeinsamk. & Unterschiede ab 4 Jahre
978-3-88100-619-4 | 5,90 EUR** | DIN-A5-Block

620 Kindergartenblock – Das kann ich schon! ab 4 Jahre
978-3-88100-620-0 | 5,90 EUR** | DIN-A5-Block

621 Kindergartenblock – Formen, Farben, Fehler finden ab 4 Jahre
978-3-88100-621-7 | 5,90 EUR** | DIN-A5-Block

622 Kindergartenblock – Verbinden, vergleichen, Fehler finden ab 4 Jahre
978-3-88100-622-4 | 5,90 EUR** | DIN-A5-Block

618 Vorschulblock – Schneiden, kleben, basteln ab 5 Jahre
978-3-88100-618-7 | 5,90 EUR** | DIN-A5-Block

623 Vorschulblock – Konzentration und Wahrnehmung ab 5 Jahre
978-3-88100-623-1 | 5,90 EUR** | DIN-A5-Block

624 Vorschulblock – Logisches Denken, rätseln und knobeln ab 5 Jahre
978-3-88100-624-8 | 5,90 EUR** | DIN-A5-Block

625 Vorschulblock – Fit zum Schuleintritt ab 5 Jahre
978-3-88100-625-5 | 5,90 EUR** | DIN-A5-Block

626 Vorschulblock – Schwungübungen ab 5 Jahre
978-3-88100-626-2 | 5,90 EUR** | DIN-A5-Block

627 Vorschulblock – Zahlen und Mengen ab 5 Jahre
978-3-88100-627-9 | 5,90 EUR** | DIN-A5-Block

628 Vorschulblock – Buchstaben und Laute ab 5 Jahre
978-3-88100-628-6 | 5,90 EUR** | DIN-A5-Block

611 Vorschule: Schulreife fördern
978-3-88100-611-8 | 4,90 EUR* | DIN-A5-Heft

612 Vorschule: Sprache entdecken
978-3-88100-612-5 | 4,90 EUR* | DIN-A5-Heft

613 Vorschule: Zahlen entdecken
978-3-88100-613-2 | 4,90 EUR* | DIN-A5-Heft

614 Vorschule: Unsere vier Jahreszeiten
978-3-88100-614-9 | 4,90 EUR* | DIN-A5-Heft

615 Vorschule: Rund um meinen Körper
978-3-88100-615-6 | 4,90 EUR* | DIN-A5-Heft

Malblöcke ab 3 Jahre

601 Malblock – Indianer, Ritter und Piraten
978-3-88100-601-9 | 4,90 EUR* | DIN-A5-Block

602 Malblock – Märchen und Zauberei
978-3-88100-602-6 | 4,90 EUR* | DIN-A5-Block

603 Malblock – Notarzt, Polizei und Feuerwehr
978-3-88100-603-3 | 4,90 EUR* | DIN-A5-Block

604 Malblock – Pferde
978-3-88100-604-0 | 4,90 EUR* | DIN-A5-Block

605 Malblock – Tiere im Zoo
978-3-88100-605-7 | 4,90 EUR* | DIN-A5-Block

Rätselblöcke für Kinder von 5 – 10 Jahre

630 Rätselblock ab 5 Jahre, Band 1
978-3-88100-630-9 | 5,90 EUR** | DIN-A5-Block

631 Rätselblock ab 6 Jahre, Band 1
978-3-88100-631-6 | 5,90 EUR** | DIN-A5-Block

632 Rätselblock ab 7 Jahre, Band 1
978-3-88100-632-3 | 5,90 EUR** | DIN-A5-Block

633 Rätselblock ab 8 Jahre, Band 1
978-3-88100-633-0 | 5,90 EUR** | DIN-A5-Block

634 Rätselblock ab 9 Jahre, Band 1
978-3-88100-634-7 | 5,90 EUR** | DIN-A5-Block

635 Rätselblock ab 10 Jahre
978-3-88100-635-4 | 5,90 EUR** | DIN-A5-Block

636 ab 5 Jahre, Band 2
978-3-88100-636-1 | 5,90 EUR**

637 ab 6 Jahre, Band 2
978-3-88100-637-8 | 5,90 EUR**

638 ab 7 Jahre, Band 2
978-3-88100-638-5 | 5,90 EUR**

639 ab 8 Jahre, Band 2
978-3-88100-639-2 | 5,90 EUR**

640 ab 9 Jahre, Band 2
978-3-88100-640-8 | 5,90 EUR**

* 5,00 EUR [A] | 5,90 CHF ** 6,10 EUR [A] | 7,10 CHF

Lernhilfen und Trainingsbücher für die 1.–4. Klasse

1. Klasse Mathematik und Deutsch

71 Mathe trainieren 1. Klasse
978-3-88100-071-0 | 7,90 EUR* | DIN-A5-Heft

81 Tests in Mathe – Lernzielkontrollen 1. Klasse
978-3-88100-181-6 | 11,90 EUR** | DIN-A4-Heft

651 Mathe auf dem Bauernhof 1. Klasse
978-3-88100-651-4 | 7,90 EUR* | DIN-A5-Heft

659 Quer durch die 1. Klasse, Richtig schreiben – Übungsblock
978-3-88100-659-0 | 7,90 EUR* | DIN-A5-Block

660 Quer durch die 1. Klasse, Lesen üben – Übungsblock
978-3-88100-660-6 | 7,90 EUR* | DIN-A5-Block

661 Quer durch die 1. Klasse, Mathe und Deutsch – Übungsblock
978-3-88100-661-3 | 7,90 EUR* | DIN-A5-Block

212 Grammatik 1./2. Klasse
978-3-88100-212-7 | 7,90 EUR* | DIN-A5-Heft

251 Rechtschreiben 1. Klasse
978-3-88100-251-6 | 7,90 EUR* | DIN-A5-Heft

271 Besser lesen 1. Klasse
978-3-88100-271-4 | 7,90 EUR* | DIN-A5-Heft

281 Tests in Deutsch – Lernzielkontrollen 1. Kl.
978-3-88100-281-3 | 11,90 EUR** | DIN-A4-Heft

Für jedes verkaufte Heft spenden wir 1 Dollar – helfen Sie mit:

Hausaufgabenheft für die Grundschule
978-3-88100-700-9 | DIN-A5-Heft
3,90 EUR | 4,00 EUR [A] | 4.70 CHF

2. Klasse Mathematik und Deutsch

52 Textaufgaben 2. Klasse
978-3-88100-052-9 | 7,90 EUR* | DIN-A5-Heft

72 Mathe trainieren 2. Klasse
978-3-88100-072-7 | 7,90 EUR* | DIN-A5-Heft

82 Tests in Mathe – Lernzielkontrollen 2. Klasse
978-3-88100-082-6 | 11,90 EUR** | DIN-A4-Heft

652 Einmaleins Mathematik 2./3. Klasse
978-3-88100-048-2 | 7,90 EUR* | DIN-A5-Heft

662 Quer durch die 2. Klasse, Mathe und Deutsch – Übungsblock
978-3-88100-662-0 | 7,90 EUR* | DIN-A5-Block

665 Quer durch die 2./3. Klasse, Das kleine Einmaleins — erscheint Nov. 2020
978-3-88100-665-1 | 7,90 EUR* | DIN-A5-Block

212 Grammatik 1./2. Klasse
978-3-88100-212-7 | 7,90 EUR* | DIN-A5-Heft

221 Aufsatz Deutsch 2. Klasse
978-3-88100-221-9 | 7,90 EUR* | DIN-A5-Heft

242 Rechtschreiben und Diktate 2. Klasse
978-3-88100-242-4 | 7,90 EUR* | DIN-A5-Heft

272 Besser lesen 2. Klasse
978-3-88100-272-1 | 7,90 EUR* | DIN-A5-Heft

282 Tests in Deutsch – Lernzielkontrollen 2. Klasse
978-3-88100-282-0 | 11,90 EUR** | DIN-A4-Heft

292 Lesetests in Deutsch – Lernzielkontrollen 2. Klasse
978-3-88100-292-9 | 11,90 EUR** | DIN-A4-Heft

3. Klasse Mathematik, Deutsch, Englisch, Sachunterricht

53 Textaufgaben 3. Klasse
978-3-88100-053-6 | 7,90 EUR* | DIN-A5-Heft

73 Mathe trainieren 3. Klasse
978-3-88100-073-4 | 7,90 EUR* | DIN-A5-Heft

83 Tests in Mathe – Lernzielkontrollen 3. Klasse
978-3-88100-083-3 | 11,90 EUR** | DIN-A4-Heft

652 Einmaleins Mathematik 2./3. Klasse
978-3-88100-048-2 | 7,90 EUR* | DIN-A5-Heft

* 8,10 EUR [A] | 9.50 CHF · ** 12,20 EUR [A] | 14.30 CHF

653 Mathe-Abenteuer 3. Klasse: Im Mittelalter
978-3-88100-653-8 | 7,90 EUR* | DIN-A5-Heft

663 Quer durch die 3. Klasse, Mathe und Deutsch – Übungsblock
978-3-88100-663-7 | 7,90 EUR* | DIN-A5-Block

213 Grammatik 3. Klasse
978-3-88100-213-4 | 7,90 EUR* | DIN-A5-Heft

222 Aufsatz Deutsch 3. Klasse
978-3-88100-222-6 | 7,90 EUR* | DIN-A5-Heft

243 Diktate Deutsch 3./4. Klasse
978-3-88100-243-1 | 7,90 EUR* | DIN-A5-Heft

253 Rechtschreiben und Diktate 3. Klasse
978-3-88100-253-0 | 7,90 EUR* | DIN-A5-Heft

273 Besser lesen 3. Klasse
978-3-88100-273-8 | 7,90 EUR* | DIN-A5-Heft

283 Tests in Deutsch – Lernzielkontrollen 3. Klasse
978-3-88100-283-7 | 11,90 EUR** | DIN-A4-Heft

293 Lesetests in Deutsch – Lernzielkontrollen 3. Klasse
978-3-88100-293-6 | 11,90 EUR** | DIN-A4-Heft

403 Tests im Sachunterricht – Lernzielkontrollen 3. Klasse
978-3-88100-403-9 | 11,90 EUR** | DIN-A4-Heft

311 Mein buntes Vokabelheft. Englisch 3./4. Klasse
978-3-88100-045-1 | 7,90 EUR* | DIN-A5-Heft

673 Quer durch die 3. Klasse, Englisch – Übungsblock
978-3-88100-673-6 | 7,90 EUR* | DIN-A5-Block

665 Quer durch die 2./3. Klasse, Das kleine Einmaleins
978-3-88100-665-1 | 7,90 EUR* | DIN-A5-Block
erscheint Nov. 2020

4. Klasse Mathematik, Deutsch und Englisch

19 Textaufgaben 4. Klasse
978-3-88100-019-2 | 7,90 EUR* | DIN-A5-Heft

74 Mathe trainieren 4. Klasse
978-3-88100-074-1 | 7,90 EUR* | DIN-A5-Heft

84 Tests in Mathe – Lernzielkontrollen 4. Klasse
978-3-88100-084-0 | 11,90 EUR** | DIN-A4-Heft

99 Fit zum Übertritt – Mathe 4. Klasse
978-3-88100-099-4 | 11,90 EUR** | DIN-A4-Heft

664 Quer durch die 4. Klasse, Mathe und Deutsch – Übungsblock
978-3-88100-664-4 | 7,90 EUR* | DIN-A5-Block

214 Grammatik 4. Klasse
978-3-88100-214-1 | 7,90 EUR* | DIN-A5-Heft

223 Aufsatz Deutsch 4. Klasse
978-3-88100-223-3 | 7,90 EUR* | DIN-A5-Heft

224 Bildergeschichte. Aufsatz 4./5. Klasse
978-3-88100-224-0 | 7,90 EUR* | DIN-A5-Heft

225 Erlebniserzählung. Aufsatz 4./5. Klasse
978-3-88100-225-7 | 7,90 EUR* | DIN-A5-Heft

243 Diktate Deutsch 3./4. Klasse
978-3-88100-243-1 | 7,90 EUR* | DIN-A5-Heft

254 Rechtschreiben und Diktate 4. Klasse
978-3-88100-254-7 | 7,90 EUR* | DIN-A5-Heft

274 Besser lesen 4. Klasse
978-3-88100-274-5 | 7,90 EUR* | DIN-A5-Heft

284 Tests in Deutsch – Lernzielkontrollen 4. Klasse
978-3-88100-284-4 | 11,90 EUR** | DIN-A4-Heft

294 Lesetests in Deutsch – Lernzielkontrollen 4. Klasse
978-3-88100-294-3 | 11,90 EUR** | DIN-A4-Heft

299 Fit zum Übertritt – Deutsch 4. Klasse
978-3-88100-299-8 | 11,90 EUR** | DIN-A4-Heft

Selbständig lernen, üben und testen
Seit über 40 Jahren in der Praxis erprobt

Leseproben, Inhaltsverzeichnisse und weitere Details zu allen Reihen unter **hauschkaverlag.de**

311 Mein buntes Vokabelheft. Englisch 3./4. Klasse
978-3-88100-045-1 | 7,90 EUR* | DIN-A5-Heft

404 Tests im Sachunterricht – Lernzielkontrollen 4. Klasse (erscheint Dez. 2020)
978-3-88100-404-6 | 11,90 EUR** | DIN-A4-Heft

674 Quer durch die 4. Klasse, Englisch – Übungsblock
978-3-88100-674-3 | 7,90 EUR* | DIN-A5-Block

Weiterführende Schulen Mathematik, Deutsch und Englisch

24 Bruchrechnen ab 6. Klasse
978-3-88100-024-6 | 7,90 EUR* | DIN-A5-Heft

44 Flächenberechnung – Umfang und Fläche von Rechteck u. Quadrat
978-3-88100-044-4 | 7,90 EUR* | DIN-A5-Heft

60 Textaufgaben Mittel-/Hauptschule 5. Klasse
978-3-88100-060-4 | 7,90 EUR* | DIN-A5-Heft

65 Prozentrechnen 6.–9. Klasse
978-3-88100-065-9 | 7,90 EUR* | DIN-A5-Heft

155 Rechnen und Textaufgaben – Gymnasium 5. Klasse
978-3-88100-155-7 | 7,90 EUR* | DIN-A5-Heft

156 Rechnen und Textaufgaben – Gymnasium 6. Klasse
978-3-88100-156-4 | 7,90 EUR* | DIN-A5-Heft

165 Rechnen und Textaufgaben – Realschule 5. Klasse
978-3-88100-165-6 | 7,90 EUR* | DIN-A5-Heft

215 Grammatik 5.–7. Klasse
978-3-88100-215-8 | 7,90 EUR* | DIN-A5-Heft

224 Bildergeschichte. Aufsatz 4./5. Klasse
978-3-88100-224-0 | 7,90 EUR* | DIN-A5-Heft

225 Erlebniserzählung. Aufsatz 4./5. Klasse
978-3-88100-225-7 | 7,90 EUR* | DIN-A5-Heft

226 Bericht. Aufsatz 5.–7. Klasse
978-3-88100-226-4 | 7,90 EUR* | DIN-A5-Heft

228 Inhaltsangabe. Aufsatz 7.–9. Klasse
978-3-88100-228-8 | 7,90 EUR* | DIN-A5-Heft

230 Erörterung. Aufsatz 8.–11. Klasse
978-3-88100-230-1 | 7,90 EUR* | DIN-A5-Heft

- ✓ gezielt fördern
- ✓ selbständig lernen
- ✓ von Kindern getestet
- ✓ motiviert üben und wiederholen
- ✓ Qualität durch über 40 Jahre Erfahrung

245 Diktate 5./6. Klasse
978-3-88100-245-5 | 7,90 EUR* | DIN-A5-Heft

260 Rechtschreibtraining ab 5. Klasse und für Erwachsene
978-3-88100-046-8 | 7,90 EUR* | DIN-A5-Heft

261 Zeichensetzung ab 6. Klasse und für Erwachsene
978-3-88100-047-5 | 7,90 EUR* | DIN-A5-Heft

301 Present: Progressive & Simple Englisch 5. Klasse
978-3-88100-301-8 | 7,90 EUR* | DIN-A5-Heft

303 Frage und Verneinung. Englisch ab 6. Klasse und für Erwachsene
978-3-88100-303-2 | 7,90 EUR* | DIN-A5-Heft

305 Simple Past & Present Perfect. Englisch ab 6. Kl. u. für Erwachsene
978-3-88100-305-6 | 7,90 EUR* | DIN-A5-Heft

321 Wichtige Grammatikbereiche. Englisch 5. Klasse
978-3-88100-321-6 | 7,90 EUR* | DIN-A5-Heft

322 Wichtige Grammatikbereiche. Englisch 6. Klasse
978-3-88100-322-3 | 7,90 EUR* | DIN-A5-Heft

323 Wichtige Grammatikbereiche. Englisch 7. Klasse
978-3-88100-323-0 | 7,90 EUR* | DIN-A5-Heft

341 Diktate und Übersetzungen. Englisch 5. Klasse
978-3-88100-341-4 | 7,90 EUR* | DIN-A5-Heft

* 8,10 EUR [A] | 9.50 CHF

hauschkaverlag
einfach besser lernen

Hauschka Verlag · Inh. Thomas Wolf
Lilienthalstraße 1 · 82178 Puchheim
Tel. +49 89 89406670 · Fax +49 89 894066769
info@hauschkaverlag.de · **hauschkaverlag.de**

52 ▸ Es muss nicht jede Einzelheit nacherzählt werden, aber das sollte nicht fehlen:
das Lesebuch zerfetzt – Vogelkäfig umgeworfen – Marie aus Lesebuchgeschichte gestiegen – vor Katze aus Angst auf den Boden geworfen – verletzter Katze Wunde verbunden

▸ Dies stimmt nicht mit dem Text überein:
Den Hund (zog er am Schwanz.) – Der Sessel sagte: „Ich will nicht, dass du dich auf mich setzt." – Sie (die Tiere) sagten: „Wir verzeihen dir."

▸ Der Satz „**Die Katze stand vor ihm und sah aus wie ein Ungeheuer.**" müsste nach dem Satz „**Es wurde dunkel.**" stehen.

▸ In dieser Zeitform müssen die Verben stehen:
Jetzt **war** er müde. – Er **setzte** sich in den Sessel und **schrie** ... – dann **schimpfte** der Baum

▸ So stehen die wörtlichen Reden im Text:
„Mama, hilf mir!" – „Es ist gut, das Kind."

53 **Wer?** zwei Freunde und ein Bär
Wo? in einem Wald

54 **1.** Bär kommt; **2.** einer klettert auf **einen Baum**; **3.** der andere stellt sich **tot**, weil Bären **keine Toten fressen**; **4.** Bär beleckt seine **Ohren**; **5.** Bär **verschwindet**, der andere **kommt herunter**

55 Wanderer auf dem Baum: „Sag, was hat dir der Bär ins Ohr geflüstert?"
Wanderer auf der Erde: „Er hat mich vor Menschen gewarnt, die ihre Freunde in der Not im Stich lassen."

56 **Die Wanderer und der Bär**
Zwei Freunden begegnete im Wald ein Bär. Einer kletterte auf einen Baum, der andere legte sich auf den Boden und stellte sich tot. Man sagt nämlich, dass Bären keine Toten fressen.
Der Bär leckte an seinen Ohren und warf ihn mit der Schnauze hin und her. Dann ließ er den Armen in Ruhe und verschwand.
Sogleich stieg der andere vom Baum herunter und fragte seinen Freund: „Was hat dir denn der Bär ins Ohr geflüstert?" Der andere sagte: „Er hat mich vor Leuten gewarnt, die ihren Freunden nicht helfen, wenn sie in Gefahr sind."

57 Dies ist ein Lösungsvorschlag:

Der Fuchs und der Storch
Der Storch war beim Fuchs zum Essen eingeladen. Es gab köstliche Speisen, aber auf so flachen Schüsseln, dass der Storch mit seinem langen Schnabel nichts zu fassen bekam. Der Fuchs fraß alles allein und sagte nur ständig: „Lass es dir schmecken!“ Der Storch ärgerte sich, ließ es sich aber nicht anmerken und lobte das gute Essen. Er sagte: „Ich danke dir und lade dich auch zum Essen ein.“ Der Fuchs ahnte, dass der Storch etwas im Schilde führte. Aber der Storch gab nicht nach und so willigte der Fuchs ein. Am nächsten Tag gab es beim Storch viele Leckerbissen, aber nur in langhalsigem Geschirr. „Lass es dir schmecken“, sagte der Storch und holte sich mit seinem langen Schnabel die Leckerbissen heraus. Der Fuchs aber konnte nur das Geschirr ablecken und daran riechen. Er sah ein, dass der Storch ihn zu Recht bestraft hatte. Die Lehre der Fabel lautet: Was du nicht willst, das man dir tut, das füg auch keinem anderen zu.

58 Leonie **bettelte**: „Lasst mich ins Tor!“ Alle waren dagegen. „Schon gut“, **murrte** sie. Die Mädchen verloren gegen die Jungen der 4a. Fabian **spottete**: „Ihr seid vielleicht lahme Enten.“ Wütend warf Ella ihm den Ball an den Kopf. Lehrer Grünbein **ermahnte** sie: „Mach das nie wieder!“ „Das war nicht mit Absicht“, **log** sie. Ida **heulte**: „Die Jungen haben meine Schuhe versteckt.“ „Wir finden sie“, **tröstete** sie der Lehrer.

59

etwas **laut** sagen	etwas **leise** sagen
schreien	flüstern
brüllen	murmeln
plärren	tuscheln
kreischen	wispern
grölen	brummen

60

jubeln:	🟢	🟡 sich über jemanden lustig machen
scherzen:	🔵	🔴 weinerlich über etwas klagen
jammern:	🔴	🔵 spaßen, nicht ernst gemeint
spotten:	🟡	🟢 seine Freude lautstark verkünden

61

Am Bahnhof: Endlich kam der Zug, auf den wir so lange gewartet hatten. **Bevor** wir einstiegen, verabschiedeten wir uns von unseren Freunden. Wir winkten noch einmal an der Tür, **dann** suchten wir unsere Plätze. Kurz **danach** fuhr der Zug los.

Einen Kuchen backen: Anna bäckt einen Kuchen, aber **vorher** liest sie das Rezept genau durch. **Anschließend** bereitet sie den Teig vor. **Sobald** der Teig in der Form ist, kommt er in das Backrohr. **Während** der Kuchen gebacken wird, spült sie alles ab.

62

Vom Gewitter überrascht

Es war ein **herrlicher (wundervoller)** Sommertag. Marc und Ronja spielten im Garten. Mit ihnen tollte der kleine Fiffi **fröhlich** herum. Doch am Nachmittag verschwand die Sonne **allmählich** hinter **dunklen (finsteren)** Wolken. Dann wurde es unangenehm **schwül**. **Stürmischer (heftiger)** Wind kam auf und bald fielen die ersten Tropfen. **Geschwind (zügig)** trugen Marc und Ronja ihre Spielsachen ins Haus. Etwas zu spät, denn ein **heftiger (starker)** Platzregen erwischte sie noch, und sie wurden **tropf**nass.

Trotzdem war es ein **wundervoller (gelungener)** Nachmittag.

63

1. eine Schleife machen	**binden**
2. einen Strohstern machen	**basteln**
3. einen Schneemann machen	**bauen**
4. einen Termin machen	**vereinbaren**
5. ein Hemd aufmachen	**aufknöpfen**
6. eine Unterschrift nachmachen	**fälschen**
7. ein Fenster aufmachen	**öffnen**
8. einen Zahn herausmachen	**ziehen**
9. einen Schmutzfleck wegmachen	**entfernen**

64 Es war **kurz** vor Weihnachten, als sich etwas **Seltsames** ereignete. Rosa **befand sich** auf dem Heimweg. **Plötzlich** landete ein Raumschiff wenige Meter vor Rosa. Rosa blieb vor Schreck stehen. **Bedächtig (gemächlich)** öffnete sich eine Tür. **Exotische (seltsame)** grüne Wesen kamen heraus. Rosas Herz **klopfte** wie wild. Fast wäre sie weggelaufen, doch sie war **mutig** und blieb. Im Kopf der Außerirdischen gab es nur ein Auge. Das **strahlende** Blau der Iris war herrlich. Ihre Hände hatten nur drei **dicke (starke)** Finger. Aus jeder Innenfläche der Hand **blickte** nochmal ein Auge auf Rosa. Sie **verbarg sich** hinter einem Baum, aber bald fürchtete sie sich. Nun **flüchtete** sie, so schnell sie konnte nach Hause.

65

1. Marc / überholte / seinen Freund Tom / mit voller Kraft.
2. Er / bemerkte / viel zu spät / einen Wassergraben.
3. Er / wollte / verzweifelt / bremsen.
4. Er / sah / den tiefen Graben / schon / vor sich.
5. Er / sprang / im letzten Augenblick / vom Rad.

1. Mit voller Kraft überholte Marc seinen Freund Tom.
2. Viel zu spät bemerkte er einen Wassergraben.
3. Verzweifelt wollte er bremsen.
4. Den tiefen Graben sah er schon vor sich.
5. Im letzten Augenblick sprang er vom Rad.

66 Es ist heiß **und** Algün beschließt, sich Erdbeereis zu kaufen. Einige Leute stehen schon vor der Eisdiele, **als** Algün ankommt. Sie ist etwas in Eile, **weil (da)** in einer Stunde ihr Basketball-Training beginnt. Es dauert eine Weile, **bis** sie an der Reihe ist. Sie zahlt mit der rechten Hand, **während** sie mit der linken die Waffel hält. Doch sie macht eine ungeschickte Bewegung, **sodass** ihr das Eis auf den Boden rutscht. Das ist Pech, **aber (doch)** es gibt nette Menschen. Der Eisverkäufer ist einer, **denn** er schenkt Algün ein neues Eis. „Das ist lieb, **und** vielen Dank auch!“, sagt Algün.

67

1. Ich bin müde, **deshalb** gehe ich ins Bett.
   Weil ich müde bin, gehe ich ins Bett.
   Ich bin müde **und** gehe ins Bett.

2. Ich bin müde, **aber** ich kann nicht einschlafen.
   Obwohl ich müde bin, kann ich nicht einschlafen.
   Ich bin müde, **trotzdem** kann ich nicht einschlafen.

68 Dies sind natürlich nur Lösungsvorschläge:

David: „Helft mir doch, ich ertrinke!“
Jakob: „Hallo! Hilfe! Kommen Sie schnell! David ist eingebrochen!“

Langläufer: „Bleib ganz ruhig! Ich schiebe meine Skier zu dir. Du musst ihre Enden fassen, dann ziehe ich dich heraus.“
Zoe: „Hier ist Zoe Bornkam, wir sind am Rieder See, unser Freund ist ins Eis eingebrochen!“

69 David **jammerte**: „Mich friert so!“ Der Langläufer **tröstete** ihn: „Der Rettungswagen wird gleich da sein.“ David **zweifelte**: „Da bin ich mir nicht so sicher!“ Aber Zoe **freute sich**: „Ich glaube, ich habe ihn schon gehört!“

70 ... Mila wagte sich wieder unter der Decke hervor. Da saß er am Bettende und Mila wusste es: „Das ist das Nachtmonster! Ich werde verrückt vor Angst!“ Sie wollte zu ihren Eltern laufen. Doch sie überlegte es sich anders: „Ich muss allein mit ihm fertig werden.“ Jupp schaute unter der Bettdecke hervor: „Gut, dass du nicht davonläufst!“ Mila nahm allen Mut zusammen und klopfte mit der Faust an die Wand, dabei sagte sie sehr laut: „Mach, dass du davonkommst!“ Das Klopfen hatte das Monster erschreckt. Mila schöpfte Mut: „Jetzt weiß ich, wovor es Angst hat.“ Sie klopfte nochmal an die Wand und wieder und wieder. Plötzlich öffnete sich von selbst das Fenster und das Monster flog davon. „Jetzt bin ich aber erleichtert“, dachte Mila. „Ich auch!“, freute sich Jupp laut.

71

Er war völlig überrascht.

Merk dir das!

Gerate nicht gleich in Panik!

72

mit jemandem durch dick und dünn gehen	Unangenehmes tun müssen
die Nadel im Heuhaufen suchen	sich selbst übertreffen
in den sauren Apfel beißen	mutig sein
für jemanden die Hand ins Feuer legen	etwas Unmögliches versuchen
über den eigenen Schatten springen	immer zu jemandem halten
ins kalte Wasser springen	für jemanden einstehen

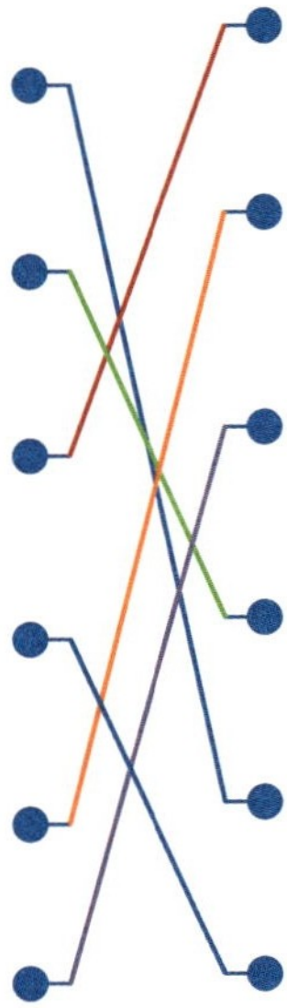

73 Es sind natürlich stets mehrere Lösungen möglich:

- Ich robbte aus dem Tümpel heraus. Die Hose war völlig verdreckt. **O nein!** Was wird Mama dazu sagen?
- Ungewöhnlich! Die Tür stand offen. Beunruhigt traten wir ein. **Plötzlich** knackte es unheimlich.
- **Geschafft!** Vor uns stand das Auto. Jetzt konnte uns das schreckliche Gewitter nichts mehr anhaben.
- Der Hund kam näher. Ich **lief** und **lief** und **lief**. **Umsonst!** Er hatte mich eingeholt. Ich blieb stehen und rührte mich nicht mehr von der Stelle. **Unerwartet** ertönte von irgendwoher ein Pfiff.
- **O Schreck!** Ich hatte die Unterschrift vergessen. Und unser Lehrer war sehr streng. Ich **überlegte** und **überlegte**, aber mir fiel einfach keine Ausrede ein.

74

2	Plötzlich lief der Hund auf mich zu.
1	Weiter weg sah ich einen streunenden Hund.
4	Er wendete sich von mir ab und verschwand.
3	Jetzt stand er vor mir und kläffte mich wild an.

75

1	„Der wird doch hoffentlich nicht zu mir **kommen**!“
4	„Gott sei Dank, jetzt **wendet er sich von mir ab**!“
2	„O Schreck, jetzt läuft er **auf mich zu**!“
3	„Er wird mich hoffentlich nicht **beißen**!“

76

~~traurig~~ – panisch – ängstlich – ~~heiter~~ – beunruhigt – erleichtert – ~~neugierig~~

Alina sieht den Hund:	**beunruhigt**
Er läuft auf sie zu:	**ängstlich**
Er bellt sie an:	**panisch**
Er läuft weg:	**erleichtert**

77 Wann beginnt es, spannend zu werden?
Als der Hund auf sie zuläuft.

Welche Sekunden sind für Alina die schlimmsten?
Während der Hund vor ihr steht und sie anbellt.

Von welchem Augenblick an, kann sie aufatmen?
In dem Augenblick, als der Hund sich von ihr abwendet.

78

Als ich gestern von der Schule nach Hause ging, hatte ich ein aufregendes Erlebnis mit einem Hund.

79 Ich ging gerade über die große Wiese beim Supermarkt, da sah ich weiter weg einen großen braunen Hund herumstreunen.
Ich gebe es zu: Ich habe Angst vor Hunden. „Der wird doch hoffentlich nicht zu mir herkommen“, dachte ich beunruhigt.
Ich sah auch niemanden, zu dem der Hund gehörte.
Plötzlich schien er mich bemerkt zu haben. Ich bekam Angst: „O Schreck, jetzt läuft er auf mich zu!“ Ich blieb wie angewurzelt stehen und schon stand er vor mir. Er bellte mich an und mein Herz klopfte, als würde es gleich zerspringen. „Er wird mich doch nicht beißen!“, dachte ich noch. Da machte er plötzlich kehrt und lief davon. Ich setzte mich erschöpft auf die Wiese. Mein Gott, wie war ich erleichtert!

80 Ein Glück, dass ich stehen geblieben bin und mich ruhig verhalten habe. Begegnungen mit frei herumlaufenden Hunden können nämlich böse enden.

81 ☒ Da hatte ich entsetzliche Angst

Diese Überschrift verrät noch nicht zu viel, passt aber zur Geschichte. Sie macht den Leser neugierig, da er wissen möchte, vor was der Verfasser der Geschichte Angst hatte.

82 **Den Kellergeist gibt es**

Der 70. Geburtstag meiner Oma wurde bei uns zu Hause groß gefeiert. Alle aßen und tranken, lachten und unterhielten sich. Mama sagte: „Felix, hol Mineralwasser aus dem Keller!“ Oh je! Unser Keller war finster und unheimlich, es war ein schlimmer Keller. Aber Plomb war noch schlimmer. Immer wenn ich für Papa Bier holen musste, saß er in der hintersten Ecke auf der Kiste und glotzte mich böse an. Nur ich konnte ihn sehen. Ich hatte mir geschworen, dass ich nicht mehr allein in den Keller gehe, solange dieser eklige Geist dort wohnt. Deshalb bettelte ich: „Mama, komm mit mir, nur heute, ich fürchte mich so vor Plomb!“ „Dir zuliebe“, sagte sie und kam mit. Sie knipste die Lampe an, die ein düsteres Licht verbreitete. Und schon sah ich Plomb auf seiner Kiste. „Na, wo ist er denn?“, fragte Mama. Ich zeigte mit der Hand auf ihn. Weil Mama ihn nicht sehen konnte, ging sie langsam auf ihn zu. „Bleib stehen!“, rief ich verzweifelt. Aber sie ging weiter und klopfte auf die Kiste. „Plomb gibt es nicht“, sagte sie. „Jetzt wird er sie mit seinen Platschhänden erledigen“, dachte ich.

Da machte es ffsch! und es war stockfinster. Ich wusste: „Nun ist es passiert, jetzt sind wir verloren.“ Wie atmete ich auf, als ich Mamas Stimme hörte: „Hab keine Angst, Felix, die alte Glühbirne ist durchgebrannt.“ Wir tasteten uns zur Tür und erreichten den Gang, in dem Licht brannte. Große Erleichterung!
Omas Geburtstag wurde noch ausgiebig gefeiert. Eines war mir klar: „In den Keller gehe ich nicht mehr. Mir fällt schon eine Ausrede ein, da bin ich mir ganz sicher.“

83 Lösungsvorschläge:

- Lukas – Papa – der unbekannte Mann
- vor dem Haus – in einer Nacht und am folgenden Tag
- Am Tag zuvor hatte es geschneit, der Schnee war feucht, deshalb bauten Lukas und sein Vater einen Schneemann.
- Der Höhepunkt beginnt mit Bild 5.
- Der Höhepunkt endet mit Bild 7.
- Weil der Unbekannte kaum wiederkommen wird, bauen Lukas und sein Vater noch einmal einen Schneemann.
- Ein Schneemann schlägt zurück

84 Dein Aufsatz muss nicht so lange sein wie dieser. Lies ihn, vielleicht kannst du etwas dabei lernen:

Ein Schneemann schlägt zurück
Über Nacht hatte es geschneit. Am Morgen rollte Lukas gleich eine große Schneekugel. „Papa, heute müssen wir unbedingt einen Schneemann bauen.“ „Aber gewiss, mein Sohn – sobald ich mit meiner Arbeit fertig bin.“ Papa hielt Wort und am späten Nachmittag stand ein schöner, großer Schneemann vor dem Wohnzimmerfenster. Lukas war glücklich und schlief so gut wie lange nicht mehr.
Was in der finsteren Nacht geschah, konnte er nicht wissen. Die schmale Mondsichel stand am Himmel, als ein unbekannter Mann mit Hut beschwingt daherkam und Lukas' und Papas Kunstwerk lässig mit seiner linken Hand umwarf. Einfach so.
Die Sonne stand schon hoch am Himmel, als Lukas am nächsten Morgen zu seinem geliebten Schneemann lief. Aber o weh, fast brach ihm das Herz. Dicke Tränen tropften in den Schnee, als er die kümmerlichen Reste des Schneemanns sah. „Papa, Papa!“,

schrie er verzweifelt. Papa kam ans Fenster und sah sofort, was geschehen war. Er lief zu Lukas und nahm ihn gleich in seine Arme. „Das werden wir dem Halunken heimzahlen, ich hab auch schon eine Idee.“
„Ach, Papa, du hast immer so gute Ideen!“ „Nicht immer, aber diesmal schon. Du musst mir dabei helfen.“ Lukas war gespannt. Sie holten ein altes Bettlaken, eine Halbkugel aus Pappmaschee, Schere, Faden, schwarze Farbe und Pinsel aus dem Haus.
Papa nähte einen weißen Umhang, pinselte schwarze Knöpfe darauf und Lukas malte ein Gesicht auf die Halbkugel. „Papa, ich weiß immer noch nicht, was das wird!“ „Wart's ab“, vertröstete ihn Papa. Plötzlich sahen sie, wie weit entfernt ein Mann beschwingt auf das Haus zukam. „Das ist er“, sagte Papa. Lukas war aufgeregt, während Papa in den weißen Umhang schlüpfte und das Gesicht aufsetzte. „Jetzt siehst du aus wie ein Schneemann!“, jubelte Lukas, dann lief er ins Haus und beobachtete alles vom Fenster aus.
Der Mann kam näher und wie er beim Schneemann war, machte er dieselbe gemeine Handbewegung, um ihn umzustoßen. Lukas Herz schlug wie wild. Doch diesmal hatte sich der Schneemann-Zerstörer getäuscht. Der fiel nämlich gar nicht um, sondern holte mit dem Fuß aus und gab dem Unbekannten einen gewaltigen Tritt in den Allerwertesten, sodass ihm der Hut vom Kopf flog. „Au!“
Er drehte sich verdutzt um, aber da stand der Schneemann schon wieder auf derselben Stelle, als wäre nichts geschehen. Das war aber doch zu dumm und ging nicht mit rechten Dingen zu.
Eilig machte sich der Mann davon – und kam nie wieder.
Lukas hatte alles vom Fenster aus beobachtet und wieder klopfte sein Herz wie wild, aber diesmal vor Freude. Lukas und Papa mussten noch lange lachen und kugelten fröhlich im Schnee herum.

85

3	Lea klebt vorsichtig die Vase
4	Mama kommt mit Blumen heim, gibt Blumen in Vase
1	Lea allein zu Hause, sie ärgert Katze
2	Katze flüchtet, wirft Vase um, Vase zerspringt in zwei Teile
6	Mama stellt Lea zur Rede
5	Vase undicht, Wasser läuft aus

86 1. In der Pause hatte jemand auf die Sitzfläche von Hannas Stuhl einen **Kaugummi geklebt**.

2. Als sie zurückkam, übersah sie den **Kaugummi, der auf ihrem Stuhl klebte,** und **sie setzte sich darauf**.

3. Erst als Frau Maier, die Lehrerin, sie **an die Tafel rief, bemerkte sie beim Aufstehen das klebrige Zeug an ihrer Hose.**

4. Hanna wurde **wütend und fragte verärgert:** „Wer hat den Kaugummi auf meinen Stuhl geklebt?"

5. **Schließlich meldete sich Jan und sagte:** „Ich weiß, wer es war, aber ich verrate es nicht."

6. **Jetzt schaltete sich die Lehrerin ein:** „Ich erwarte, dass sich derjenige nach dem Unterricht bei mir **meldet**."

7. Doch es meldete sich **niemand**. Am nächsten Tag redete die Lehrerin mit **den Kindern über den Vorfall.**

87 Frau Maier forderte das Kind, das den Kaugummi geklebt hatte, auf, sich zu melden. Ohne Erfolg. Einige Kinder schrien: „Jan, du weißt es! Sag uns den Namen!" Aber Jan weigerte sich. Frau Maier sagte: „Ich will nicht, dass Jan es uns sagt. Der oder die Betreffende soll sich selbst melden. Wenn man Blödsinn gemacht hat, muss man auch dazu stehen." „Sonst ist man feige", sagte Sarah. Jan meldete sich: „Und was passiert dem ‚Täter'?" „Er wird sich bei Hanna entschuldigen und für den Schaden aufkommen. Auch ich werde noch ein Wörtchen mit ihm reden." Alle schrien jetzt durcheinander: „Melde dich doch! Das gehört sich einfach!" Jan meldete sich wieder und stand auf: „Ich war's." „Oh!", alle waren ziemlich überrascht. „Na ja, er hat wenigstens die Wahrheit gesagt, und dass er sich selbst nicht verraten wollte, kann ich irgendwie verstehen", sagte Frau Maier.

88 Hanna geht in die Klasse 4b der Erich-Kästner-Grundschule. Gestern wurde ihr dort ein ziemlich unangenehmer Streich gespielt.

89 Damit war der Fall abgeschlossen. Jan entschuldigte sich bei Hanna, die Kaugummireste ließen sich mit einem Spezialmittel entfernen und für Frau Maier musste er einen Aufsatz schreiben.

90 Hier zwei Beispiele für eine passende Überschrift:
Streiche sind nicht immer lustig – Man soll zu seinen Taten stehen

91 Er dachte: „Das ist doch die Katrin aus meiner Klasse.“ Katrin hatte ihn in der Pause geärgert. Noah überlegte ein wenig, dann sagte er zu sich selbst: „Der spiele ich einen Streich.“ Blitzschnell stieg er aus dem Wasser und versteckte sich hinter einem Baum. Katrin hatte ihn nicht bemerkt und kam ahnungslos näher. Sie wollte dicht ans Ufer heranfahren und im letzten Augenblick absteigen. Aber so weit kam es nicht, denn als sie nahe am Uferrand war, ertönte plötzlich ein gellender Schrei. Erschrocken drehte Katrin sich in die Richtung, aus der der Schrei kam, verpasste das Absteigen und übersah den kleinen Abgrund zwischen Wiese und Fluss. Sie stürzte samt dem Einrad hinunter ins Wasser. Katrin stieß einen lauten Schrei aus und Noah blieb vor Schreck beinahe das Herz stehen, denn das hatte er nicht gewollt.
Er lief zu Katrin und sah, wie sie gerade aufstand und ihr Einrad aus dem Wasser fischte. „Bist du völlig durchgeknallt?“, schimpfte Katrin, während sie das Wasser aus ihrer Hose strich. Noah schämte sich und war gleichzeitig froh, dass Katrin sich nicht ernsthaft verletzt hatte. „Was bin ich doch für ein Esel“, dachte er und half Katrin die Uferböschung hinauf. „Es tut mir so leid“, entschuldigte er sich, „warum ist mir bloß so ein Blödsinn eingefallen.“ „Das frage ich mich auch“, sagte Katrin. „Kannst du mir das verzeihen?“, fragte Noah. „Wenn du mich auf ein Eis einlädst. Vielleicht.“ Und dabei sah sie schon ein wenig freundlicher aus. „Gerne, Katrin. Das ist richtig nett von dir.“

92

Köln, 23.4.2015

Lieber Paul,
wie geht es dir? Mir geht es gut. Aber als ich gestern ins Bett ging, hatten wir Stromausfall. Leider kann ich nicht einschlafen, wenn meine Nachttischlampe nicht brennt. Mama löscht sie später, wenn sie ins Bett geht. Dunkelheit mag ich gar nicht. Ich denke dann an Gespenster oder an etwas anderes, wovor ich mich fürchte. Ehe ich einschlafe, sage ich immer zu mir: „Bitte nicht aufwachen!“ Wenn ich schlafe, träume ich und im Traum ist es meistens hell. Magst du Dunkelheit?
Ich würde mich über einen Brief von dir sehr freuen.
Viele Grüße auch an Tante Anna
deine Kusine Marie

93 Hier kann es natürlich keine richtige Lösung geben.

94

Hamburg, 15.5.2015

Hallo Marie,
bei mir ist es nicht so dunkel. Nicht weit vor unserem Haus brennt eine Straßenlampe. Doch wenn ich bei Oma und Opa auf dem Land bin, ist es richtig finster. Das bin ich nicht gewohnt und es wird mir manchmal unheimlich. Dann denke ich an etwas Schönes. Wenn das nicht hilft und der Himmel klar ist, gehe ich ans Fenster und sehe mir die Sterne an. Einen suche ich mir aus und sage: „Du passt jetzt auf mich auf.“ Darauf gehe ich ins Bett und schlafe ein.
Bei uns in der Stadt ist es so hell, dass man keine Sterne sieht. Wie ist das bei dir? Ich freu mich schon auf euren nächsten Besuch. Dann kannst du bei mir im Zimmer schlafen und brauchst keine Angst zu haben.

Viele liebe Grüße
Paul

95

Paul König
Heitmannstraße 12
21077 Hamburg

Marie Huber
Krötenstr. 8
50935 Köln

96 Lösungsbeispiel:

Da sagte Ella: „Jetzt hätte ich richtig Lust, zu verreisen." Ulla war gleich einverstanden: „Eine Weltreise!" „Nach Australien!", schlug Ella vor. „Wie kommst du darauf? Da wollte ich schon immer mal hin!" Ella und Ulla überlegten nicht lange. Bloß keine Zeit verlieren! Schnell das Nötigste eingepackt: Zahnbürste, Pflaster, Sonnenbrille und noch viel mehr. Und dann raus auf die Chaussee. Mensch, war das schön! Die Sonne lachte am Himmel, Frühlingsluft wehte um ihre Nase und die Vögel zwitscherten. Aber kurz vor Altona wurden sie müde. „Hast du etwas zu trinken dabei, Ulla?" „Hab ich vergessen, Ella." Ulla setzte sich an den Straßenrand: „Mir tun die Füße weh." „Mir auch, Ella." „Mir fällt ein: Gibt es nicht Ameisenbären in Australien?" „Spinnen bestimmt, und die fressen uns genauso." „Weißt du was, Ella, wir sind Australien schon nähergekommen. Und es ist sehr gefährlich dort." „Und anstrengend ist es auch", sagte Ella. Ella und Ulla seufzten und machten sich wieder auf die Heimreise. Von da an waren beide glücklich und zufrieden, denn zu Hause ist es doch am schönsten.

97 Zwei Mäuse gingen rein und raus.
Sie mochten gern ihr kleines Haus.
Einmal wollten sie nicht alleine sein,
da luden sie eine Katze ein.

98 Lösungsbeispiel:

Zwei Mädchen liefen auf den Berg
zusammen mit einem Zwerg.
Doch der weigert sich zu laufen,
da müssen sie einen Rucksack kaufen.

99 Lösungsbeispiel:

Zwei Knaben liegen in dem Busch
und hören einen lauten Schuss.
Der Schuss, der kommt von hinten,
jetzt müssen sie noch den Schützen finden.

51 Decke den Text zu und beantworte diese Fragen:

▶ Welche **wirklichen** Personen kommen vor? ______________________

____

▶ Welche Tiere? ______________________________

▶ Zwei Dinge verschont Max. Streiche sie durch:

▶ Bringe die Stichwortsätze in die **richtige Reihenfolge**:

- [ ] Mutter straft Kind **STG**
- [ ] Katze verbinden **IND**
- [ ] Dinge bedrohen Kind **ASK**
- [ ] Katze am Schwanz ziehen **UTD**
- [1] Hausaufgaben nicht gemacht **ESI**

▶ Schreibe die blauen Buchstaben in dieser Reihenfolge auf. Wenn du die einzelnen Wörter durch Striche voneinander trennst, entsteht ein **wichtiger** Satz aus der Geschichte:

ES|I ______________________________________

Emma hat die Geschichte nacherzählt.
Lies zuerst, was sie geschrieben hat:

Mama schimpfte, weil Max seine Hausaufgaben nicht machen wollte. Deshalb schloss sie ihn im Zimmer ein. Da wurde Max zornig. Er zertrümmerte Geschirr und schlug gegen den Schrank. Den Hund zog er am Schwanz. Jetzt ist er müde. Er setzt sich in den Sessel und schreit: „Jetzt geht es mir gut!“ Nun begann ein großer Zauber. Die Dinge im Zimmer wurden lebendig und kamen drohend auf ihn zu. Der Sessel sagte: „Ich will nicht, dass du dich auf mich setzt.“ Es wurde dunkel. Max bekam Angst. Auf einmal befand Max sich wie durch ein Wunder im Garten. Die Katze stand vor ihm und sah aus wie ein Ungeheuer. Dann schimpft der Baum, weil Max ihn einmal verletzt hatte. Als die Tiere Max sahen, wollten sie ihn bestrafen. Max hatte Angst und schrie: „Hilft mir denn keiner?“ Aber er half der Katze. Da freuten sich die Tiere und sie taten ihm nichts. Sie sagten: „Wir verzeihen dir.“ Dann kam Mama und alles war wieder gut.

52 Überprüfe Emmas Nacherzählung mit Hilfe dieser Fragen. Einiges schaffst du vielleicht, ohne im Text nachzusehen.

- Fehlt etwas **Wichtiges**? Schreibe es in **Stichworten** auf:

- Unterstreiche Satzteile oder Sätze **rot**, die mit dem Text auf Seite 40 nicht übereinstimmen.
- Ein Satz steht an der **falschen Stelle**. Zeichne einen Pfeil, der zeigt, wo er hingehört.
- Unterstreiche Verben, die in der falschen Zeit stehen, **grün**.
- Nicht alle **wörtlichen Reden** wurden korrekt wiedergegeben. Schreibe sie richtig auf.

Lass dir die folgende Geschichte **zweimal** vorlesen oder lies sie selbst aufmerksam. Merke dir den Inhalt genau.

Die Wanderer und der Bär

Zwei Freunde wanderten durch einen Wald, als ihnen ein Bär begegnete. Voller Furcht kletterte der eine auf den nächsten Baum. Der andere aber blieb kurz stehen, dann ließ er sich fallen und stellte sich tot. Er hatte gehört, dass Bären keine Toten fressen. Der Bär kam auf ihn zu, beleckte seine Ohren und warf ihn mit der Schnauze hin und her. Dann ließ er den armen Wanderer in Ruhe und trabte weiter. Sobald die Gefahr vorüber war, stieg der andere vom Baum herab und fragte seinen Freund: „Sag, was hat dir der Bär ins Ohr geflüstert?“ Der antwortete: „Er hat mich vor Menschen gewarnt, die ihre Freunde in der Not im Stich lassen.“

nach Äsop

Decke jetzt den Text zu und bearbeite die folgenden Aufgaben.

53 **Wer** kommt in der Geschichte vor? **Wo** ereignet sie sich?

54 Schreibe das Ereignis ohne wörtliche Reden in der richtigen Reihenfolge in **Stichwortsätzen** auf.

1. Bär kommt; **2.** einer klettert auf ______________________;

3. der andere stellt sich __________, weil Bären ______________

______________________; **4.** Bär beleckt seine ____________;

5. Bär ver____________, der andere ______________________

55 Schreibe möglichst genau auf, **was geredet** wird:

Wanderer **auf dem Baum**: „Sag, was hat dir ________________

____."

Wanderer **auf der Erde**: „Er hat mich _______________________

____."

56 Erzähle jetzt die Geschichte **Die Wanderer und der Bär** nach und schreibe sie ins Geschichtenheft.

Erzählungen wie **Die Wanderer und der Bär** nennt man **Fabeln**. Das sind kurze Geschichten, in denen Tiere wie Menschen handeln und sprechen können. Dabei entsteht meistens ein Konflikt, der zum Schluss gelöst wird. Diese Lösung nennt man **Pointe** oder **Lehre**. Der Leser kann etwas daraus lernen.

Lass dir nun die folgende Fabel zwei- oder dreimal vorlesen. Beachte, was du bei der letzten Nacherzählung gelernt hast. Wenn dir keiner vorliest, dann lies den Text selbst **zwei**-oder **dreimal** aufmerksam durch:

Der Fuchs und der Storch

Der Fuchs hatte einen Storch zum Essen eingeladen. Er setzte ihm die leckersten Speisen vor, nur leider auf ganz flachen Schüsseln, aus denen der Storch mit seinem langen Schnabel nichts holen konnte. Der Fuchs jedoch fraß gierig alles allein. Dabei bat er den Storch unaufhörlich: „Lass es dir doch schmecken!" Der Storch fühlte sich betrogen, blieb aber heiter und lobte den Fuchs für die Einladung und das gute Essen. Er sagte: „Zum Dank will auch ich dich morgen zum Essen einladen." Der Fuchs wollte erst nicht, weil er ahnte, dass der Storch sich rächen würde. Aber der hörte nicht auf, ihn zu bitten, und so willigte der Fuchs schließlich ein.

Als er am nächsten Tag zum Storch kam, gab es viele Leckerbissen, allerdings nur in langhalsigem Geschirr.

„Iss und fühl dich wie zu Hause“, sagte der Storch, und während er mit dem Schnabel alles herausholte, konnte der Fuchs nur das Geschirr ablecken und daran schnuppern. Als er vom Tisch aufstand, wusste er, dass der Storch ihn zu Recht bestraft hatte.
Merke: Was du nicht willst, das man dir tut, das füg auch keinem anderen zu.

nach Äsop

57 Schreibe nun eine vollständige Nacherzählung zur Fabel **Der Fuchs und der Storch** in dein Geschichtenheft. **Überarbeite** sie anschließend mit Hilfe der Tabelle.

	ja	nein	verbessert
Wichtige W-Fragen beantwortet: Wer? – wann? – wo? – was? – wie?			
Reihenfolge der Geschichte genau eingehalten?			
Nichts Wichtiges weggelassen und nichts Neues hinzuerfunden?			
Zeitform nicht verändert?			
Rechtschreibfehler?			
Wörter ausgelassen?			

Lebendig und anschaulich erzählen: 7 Regeln

Die folgenden Übungen sollen dir helfen, anschaulich und lebendig zu erzählen. Darauf kommt es an:

1. Verwende **treffende** (genaue) Wörter.
2. Achte auf **abwechslungsreichen Satzbau**.
3. **Verbinde** Sätze passend miteinander.
4. Lass Personen **sprechen**.
5. Schreibe auch, was du **gefühlt** und **gedacht** hast.
6. Verwende gelegentlich passende **Redensarten**.
7. Verwende sprachliche **Spannungselemente**.

1. Verwende stets treffende Wörter

58 Setze die Verben sinnvoll im **Präteritum** ein.

lügen – ermahnen – betteln – murren – heulen – trösten – spotten

Probleme beim Sportfest

Leonie ____________________: „Lasst mich ins Tor!“ Alle waren dagegen. „Schon gut“, ____________________ sie. Die Mädchen verloren gegen die Jungen der 4a. Fabian ____________________: „Ihr seid vielleicht lahme Enten.“ Wütend warf Ella ihm den Ball an den Kopf. Lehrer Grünbein ____________________ sie: „Mach das nie wieder!“ „Das war nicht mit Absicht“, ____________ sie. Ida ____________________: „Die Jungen haben meine Schuhe versteckt.“ „Wir finden sie“, ____________________ sie der Lehrer.

59 Ordne die Verben passend in die Tabelle ein:

flüstern – murmeln – schreien – tuscheln – brüllen – wispern – plärren – brummen – kreischen – grölen

etwas **laut** sagen	etwas **leise** sagen

60 Male in **gleicher** Farbe aus, was zusammengehört.

jubeln:	●	○	sich über jemanden lustig machen
scherzen:	○	○	weinerlich über etwas klagen
jammern:	○	○	spaßen, nicht ernst gemeint
spotten:	○	○	seine Freude lautstark verkünden

61 Setze die folgenden Wörter in die beiden Texte ein. Sie geben an, **wann** etwas geschieht. Verwende jedes Wort nur **einmal**.

bevor – während – endlich – sobald – danach – anschließend – vorher – dann

Am Bahnhof: E________________ kam der Zug, auf den wir so lange gewartet hatten. ________________ wir einstiegen, verabschiedeten wir uns von unseren Freunden. Wir winkten noch einmal an der Tür, ________________ suchten wir unsere Plätze. Kurz ________________ fuhr der Zug los.

Einen Kuchen backen: Anna bäckt einen Kuchen, aber ________________ liest sie das Rezept genau durch. ____________________________ bereitet sie den Teig vor. ________________ der Teig in der Form ist, kommt er in das Backrohr. ________________ der Kuchen gebacken wird, spült sie alles ab.

62 Schreibe über die **fett** gedruckten Adjektive **ähnliche**, die ebenfalls passen. Verwende jedes Adjektiv nur **einmal**.

Vom Gewitter überrascht

Es war ein **schöner** Sommertag. Marc und Ronja spielten im Garten. Mit ihnen tollte der kleine Fiffi **aufgeregt** herum. Doch am Nachmittag verschwand die Sonne **langsam** hinter **schwarzen** Wolken. Dann wurde es unangenehm **heiß. Starker** Wind kam auf und bald fielen die ersten Tropfen. **Schnell** trugen Marc und Ronja ihre Spielsachen ins Haus. Etwas zu spät, denn ein **großer** Platzregen erwischte sie noch, und sie wurden **pitsch**nass. Trotzdem war es ein **schöner** Nachmittag.

63 Vermeide **machen**. Schreibe ein treffendes Verb daneben:

1. eine Schleife **machen** __________
2. einen Strohstern **machen** __________
3. einen Schneemann **machen** __________
4. einen Termin **machen** __________
5. ein Hemd **aufmachen** __________
6. eine Unterschrift **nachmachen** __________
7. ein Fenster **aufmachen** __________
8. einen Zahn **herausmachen** __________
9. einen Schmutzfleck **wegmachen** __________

64 Schreibe anstelle der **fett** gedruckten Wörter **ähnliche**, ebenfalls passende Ausdrücke in die Klammern.

Rosa und das Raumschiff

Es war **wenige Tage** (____________________) vor Weihnachten, als sich etwas **Eigenartiges** (____________________) ereignete. Rosa **war** (____________________) auf dem Heimweg. **Auf einmal** (____________________) landete ein Raumschiff wenige Meter vor Rosa. Rosa blieb vor Schreck stehen. **Langsam** (____________________) öffnete sich eine Tür. **Fremdartige** (____________________) grüne Wesen kamen heraus. Rosas Herz **schlug** (____________________) wie wild. Fast wäre sie weggelaufen, doch sie war **tapfer** (____________________) und blieb.

Im Kopf der Außerirdischen gab es nur ein Auge. Das **leuchtende** (____________________) Blau der Iris war herrlich. Ihre Hände hatten nur drei **feste** (____________________) Finger. Aus jeder Innenfläche der Hand **schaute** (____________________) nochmal ein Auge auf Rosa. Sie **versteckte sich** (____________________) hinter einem Baum, aber bald fürchtete sie sich. Nun **floh** (____________________) sie, so schnell sie konnte nach Hause.

2. Achte auf abwechslungsreichen Satzbau

Ein Satz wird lebendiger, wenn man den **wichtigsten** Satzteil an den **Anfang** stellt.

65 Zerlege die 5 Sätze mit Strichen (/) in ihre Satzteile. Stelle jeden Satz so um, dass das Wichtigste am Anfang steht:

Marc und Tom veranstalten auf einer Wiese ein Radrennen.
1. Marc überholte seinen Freund Tom mit voller Kraft.
2. Er bemerkte viel zu spät einen Wassergraben.
3. Er wollte verzweifelt bremsen.
4. Er sah den tiefen Graben schon vor sich.
5. Er sprang im letzten Augenblick vom Rad.

1. ______________________________

____

2. ______________________________

____

3. ______________________________

____

4. ______________________________

____

5. ______________________________

____

3. Verbinde Sätze miteinander

Häufig ist es besser, Sätze mit einem **Bindewort** (Konjunktion) zu **verbinden**:

Philipp ist müde, **denn** er hat lange Fußball gespielt.

66 Setze Wörter ein, die die Sätze verbinden:

Es ist heiß **und** Algün beschließt, sich Erdbeereis zu kaufen. Einige Leute stehen schon vor der Eisdiele, **a**_____ Algün ankommt. Sie ist etwas in Eile, __________ in einer Stunde ihr Basketball-Training beginnt. Es dauert eine Weile, ________ sie an der Reihe ist. Sie zahlt mit der rechten Hand, __________________ sie mit der linken die Waffel hält. Doch sie macht eine ungeschickte Bewegung, _____________ ihr das Eis auf den Boden rutscht. Das ist Pech, __________ es gibt nette Menschen. Der Eisverkäufer ist einer, ________ er schenkt Algün ein neues Eis. „Das ist lieb, ________ vielen Dank auch!“, sagt Algün.

67 Verbinde jeweils zwei Sätze mit einem **Bindewort**.

1. Ich bin müde. Ich gehe ins Bett.

____

2. Ich bin müde. Ich kann nicht einschlafen.

____

4. Lass Personen sprechen

Wo Menschen sind, wird **geredet**. Hier sind zwei Bilder aus der Bildergeschichte von Seite 37, die du schon kennst.

68 Schreibe zu **Bild 2**, was der eingebrochene **Junge** (David) und der **Junge** am Ufer (Jakob) sagen könnten. Dann schreibe zu **Bild 3**, was der **Langläufer** und das **Mädchen mit dem Handy** (Zoe) sagen könnten.

69 Setze diese Verben passend in die Lücken ein. Verwende das Präteritum.

sich freuen – zweifeln – jammern – trösten

David ______________________: „Mich friert so!“ Der Langläufer ______________________ ihn: „Der Rettungswagen wird gleich da sein.“ David ______________________: „Da bin ich mir nicht so sicher!“ Aber Zoe ______________________: „Ich glaube, ich habe ihn schon gehört!“

5. Schreibe, was du gedacht hast

Eine **Gedankenrede** ist, was jemand **innerlich** redet.

Mila dachte: „Mir ist langweilig. Ich gehe jetzt.“

70 Unterstreiche Gedankenreden **grün**. Wörtliche Reden unterstreichst du **rot**.

Hinweis: Jupp ist Milas Teddy. Er kann reden wie ein Mensch.

Der Wind heulte ums Haus. Überall klapperte und polterte etwas. „Wenn das mal keine Geister sind“, dachte Mila und schlüpfte zu Jupp unter die Bettdecke. „Du brauchst keine Angst zu haben. Geister gibt es nicht“, tröstete er sie. Mila wagte sich wieder unter der Decke hervor. Da saß er am Bettende und Mila wusste es: „Das ist das Nachtmonster! Ich werde verrückt vor Angst!“ Sie wollte zu ihren Eltern laufen. Doch sie überlegte es sich anders: „Ich muss allein mit ihm fertig werden.“ Jupp schaute unter der Bettdecke hervor: „Gut, dass du nicht davonläufst!“ Mila nahm allen Mut zusammen und klopfte mit der Faust an die Wand, dabei sagte sie sehr laut: „Mach, dass du davonkommst!“ Das Klopfen hatte das Monster erschreckt. Mila schöpfte Mut: „Jetzt weiß ich, wovor es Angst hat.“ Sie klopfte nochmal an die Wand und wieder und wieder. Plötzlich öffnete sich von selbst das Fenster und das Monster flog davon. „Jetzt bin ich aber erleichtert“, dachte Mila. „Ich auch!“, freute sich Jupp laut.

6. Verwende gelegentlich passende Redensarten

Redensarten machen eine Erzählung anschaulicher und lebendiger.

Prüfungsstress
Jakob hat sich für die Probearbeit kaum vorbereitet. Als er die Note Fünf bekommt, **fällt er aus allen Wolken**. Die Lehrerin tröstet ihn: „So schlimm ist das auch nicht, du musst nicht gleich **den Kopf verlieren**. Sei doch in Zukunft fleißiger. **Schreib dir das hinter die Ohren**.“

71 Hier sind die drei Redensarten aus dem Text oben gezeichnet. In der Mitte steht, was sie bedeuten. Male mit gleicher Farbe aus, was zusammengehört.

Er war völlig überrascht.

Merk dir das!

Gerate nicht gleich in Panik!

72 Verbinde die **Redensarten** auf der linken Seite mit der passenden **Bedeutung**:

mit jemandem durch dick und dünn gehen	Unangenehmes tun müssen
die Nadel im Heuhaufen suchen	sich selbst übertreffen
in den sauren Apfel beißen	mutig sein
für jemanden die Hand ins Feuer legen	etwas Unmögliches versuchen
über den eigenen Schatten springen	immer zu jemandem halten
ins kalte Wasser springen	für jemanden einstehen

7. Verwende sprachliche Spannungselemente

Auch mit **Sprache** lässt sich Spannung erzeugen:
Mit **Spannungswörtern**: unerwartet, plötzlich, überraschend, auf einmal, in diesem Augenblick
Mit **Ausrufen**: O Gott! Du meine Güte! O nein! O Schreck!
Mit **Einwortsätzen**: Vergeblich! Umsonst! Geschafft!
Mit **Wiederholungen**: Er zog und zog und zog.

73 Setze passende **Spannungselemente** vom Kasten ein:

- Ich robbte aus dem Tümpel heraus. Die Hose war völlig verdreckt. ________________ Was wird Mama dazu sagen?
- Ungewöhnlich! Die Tür stand offen. Beunruhigt traten wir ein. ____________________ knackte es unheimlich.
- __________________! Vor uns stand das Auto. Jetzt konnte uns das schreckliche Gewitter nichts mehr anhaben.
- Der Hund kam näher. Ich ______________ und ____________ und ______________. __________________! Er hatte mich eingeholt. Ich blieb stehen und rührte mich nicht mehr von der Stelle. ____________________ ertönte von irgendwoher ein Pfiff.
- ________________! Ich hatte die Unterschrift vergessen. Und unser Lehrer war sehr streng. Ich __________________ und __________________, aber mir fiel einfach keine Ausrede ein.

Die Erlebniserzählung

Erzähle immer nur **ein** Erlebnis. Es muss **kein besonderes** sein. Es kommt vor allem darauf an, **wie** du es erzählst.

Alina ist auf dem Heimweg von der Schule. Sie begegnet einem großen Hund, der auf sie zuläuft und sie anbellt. Sie hat große Angst. Später erzählt sie das Erlebnis ihrer Mama. Sicher ist dir einmal etwas Ähnliches passiert, sodass du dich in Alina hineindenken kannst.

Wichtig ist, dass du das Erlebnis **genau** erzählst. Schreibe es im **Präteritum** (1. Vergangenheit) auf.

74 In den folgenden vier Sätzen erfährst du, wie sich Alinas Erlebnis mit dem Hund **genau** ereignet hat. Leider stehen die Sätze in der falschen **Reihenfolge**. Schreibe die Zahlen für die richtige Reihenfolge in die Kästchen:

☐ Plötzlich lief der Hund auf mich zu.

☐ Weiter weg sah ich einen streunenden Hund.

☐ Er wendete sich von mir ab und verschwand.

☐ Jetzt stand er vor mir und kläffte mich wild an.

Wichtig ist, dass du auch schreibst, was du dir **denkst**.

75 Was Alina erlebt, dauert nicht länger als eine Minute. Weil sie aber Angst hat, kommt es ihr wie eine **Ewigkeit** vor. Viele **Gedanken** schießen ihr durch den Kopf.
Ergänze Alinas Gedanken. Ordne sie den Sätzen von Aufgabe **74** zu. Schreibe deren jeweilige **Nummer** dazu:

☐ „Der wird doch hoffentlich nicht zu mir ______________!"

☐ „Gott sei Dank, jetzt ______________!"

☐ „O Schreck, jetzt läuft er ______________!"

☐ „Er wird mich hoffentlich nicht ______________!"

76 Welche **Gefühle** passen zu den vier Sätzen unten? Schreibe hinter jeden Satz ein passendes **Wort** aus dem Kasten auf. Drei Wörter passen nicht. Streiche sie durch:

traurig – panisch – ängstlich – heiter – beunruhigt – erleichtert – neugierig

Alina sieht den Hund: ______________

Er läuft auf sie zu: ______________

Er bellt sie an: ______________

Er läuft weg: ______________

Erzählungen haben oft eine Stelle, bei der die **Spannung** ihren **höchsten** Punkt erreicht. Das ist der **Höhepunkt** der Geschichte.

77 Mit Hilfe der Antworten auf die folgenden Fragen lässt sich der Höhepunkt gestalten. Beantworte diese Fragen an Stelle von Alina:

Wann **beginnt** es, spannend zu werden?

Welche **Sekunden** sind für Alina die **schlimmsten**?

Von welchem **Augenblick** an, kann sie **aufatmen**?

Die Erzählung beginnt mit der **Einleitung**. Sie soll kurz und knapp zur Geschichte hinführen. Du beantwortest hier die Fragen **wer?**, **wo?**, **wann?**, **worum geht es?**

78 Schreibe nun eine kurze **Einleitung** zur Geschichte. Schreibe so, als ob du Alina wärst. So kannst du beginnen:

Als ich gestern von der Schule nach ...

79 Schreibe jetzt den **Hauptteil** der Geschichte auf.
Beginne so:

Ich ging gerade über die große Wiese beim Supermarkt, da sah ich ...

Im **Schluss** schreibst du **kurze Gedanken** zu dem, was passiert ist, oder du überlegst, welche **Folgen** das Erzählte für die Zukunft haben könnte.

80 Denke dir nun einen kurzen **Schluss** für deine Geschichte aus.

Die **Überschrift** einer Erlebniserzählung soll den Leser neugierig machen, aber noch nicht zu viel verraten.

81 Welche **Überschrift** passt zur Hundegeschichte?
Kreuze eine passende Überschrift an:

- ◯ Ein Erlebnis mit einem Hund
- ◯ Da hatte ich entsetzliche Angst
- ◯ Ich mag keine Hunde

Wie eine Erzählung aufgebaut ist

Felix **erzählt** ein unheimliches Erlebnis:

Den Kellergeist gibt es

Der 70. Geburtstag meiner Oma wurde bei uns zu Hause groß gefeiert. Alle aßen und tranken, lachten und unterhielten sich. Mama sagte: Felix, hol Mineralwasser aus dem Keller! Oh je! Unser Keller war finster und unheimlich, es war ein schlimmer Keller. Aber Plomb war noch schlimmer. Immer wenn ich für Papa Bier holen musste, saß er in der hintersten Ecke auf der Kiste und glotzte mich böse an. Nur ich konnte ihn sehen. Ich hatte mir geschworen, dass ich nicht mehr allein in den Keller gehe, solange dieser eklige Geist dort wohnt. Deshalb bettelte ich: Mama, komm mit mir, nur heute, ich fürchte mich so vor Plomb! Dir zuliebe, sagte sie und kam mit. Sie knipste die Lampe an, die ein düsteres Licht verbreitete. Und schon sah ich Plomb auf seiner Kiste. Na, wo ist er denn?, fragte Mama. Ich zeigte mit der Hand auf ihn. Weil Mama ihn nicht sehen konnte, ging sie langsam auf ihn zu. Bleib stehen!, rief ich verzweifelt. Aber sie ging weiter und klopfte auf die Kiste. Plomb gibt es nicht, sagte sie. Jetzt wird er sie mit seinen Platschhänden erledigen, dachte ich. Da machte es ffsch! und es war stockfinster. Ich wusste: Nun ist es passiert, jetzt sind wir verloren. Wie atmete ich auf, als ich Mamas Stimme hörte: Hab keine Angst, Felix, die alte Glühbirne ist durchgebrannt.

Wir tasteten uns zur Tür und erreichten den Gang, in dem Licht brannte. Große Erleichterung! Omas Geburtstag wurde noch ausgiebig gefeiert. Eines war mir klar: In den Keller gehe ich nicht mehr. Mir fällt schon eine Ausrede ein, da bin ich mir ganz sicher.

82 Bearbeite **nacheinander** die folgenden **fünf** Aufgaben:

- Markiere orange: Das **letzte** Wort der **Einleitung** und das **erste** Wort des **Schlusses**.
- Suche den **Höhepunkt**, also den Teil der Erzählung, in dem es **spannend** ist. Ziehe am linken Rand eine **rote** Linie: |.
- Unterstreiche, was geredet wird, **blau** und setze **Anführungszeichen**.
- Dreimal denkt Felix sich etwas. Unterstreiche es **grün** und setze **Anführungszeichen**.
- Markiere einige treffende Verben und Adjektive, die dir gefallen, **gelb**.

Eine Bildergeschichte erzählen

Bei einer Bildergeschichte ist es wichtig, dass du dir die Bilder genau ansiehst und den Sinn der Geschichte herausfindest.

Der tapfere Schneemann, Berliner Illustrierte 4/1973

Wenn du die Geschichte vom Schneemann schreibst, hast du **zwei** Möglichkeiten:

1. Du erzählst sie, als wärst du der Junge, also so:
   Ich baute mit Vater einen Schneemann.
2. Oder du erzählst sie wie ein **unsichtbarer Beobachter**:
   Lukas baute mit seinem Vater einen Schneemann.

83 Hast du dich entschieden? Dann beantworte in **Stichworten** die folgenden Fragen. (Beachte: Bei einer Bildergeschichte muss man manchmal etwas **erfinden**.)

▶ Welche **Personen** kommen vor? Erfinde ihre **Namen**:

___

▶ **Wo** und **wann** (Tageszeit) ereignet sich die Geschichte?

___

▶ Was geschah **vor** dem **1. Bild**? Das musst du erfinden:

___

___

▶ Mit welchem Bild beginnt der **Höhepunkt**?

___

▶ Mit welchem Bild **endet** der Höhepunkt? (Etwas Unerwartetes ist geschehen.)

___

Arbeite auf der nächsten Seite weiter!

▶ Wie könnte die Geschichte nach dem letzten Bild **enden**? Erfinde eine **sinnvolle** Fortführung.

___

___

▶ Nun brauchst du noch eine passende **Überschrift**. Sie soll Spannung wecken, aber nicht zu viel verraten:

___

84 Schließe die Augen und lass deine Geschichte wie in einem Film ablaufen, dann schreibe sie in dein Geschichtenheft.
Überarbeite sie erst am **nächsten Tag**. Das ist wichtig, weil du Abstand gewonnen hast und Fehler leichter erkennst.

▶ Gestern hast du die Geschichte entworfen, **heute überarbeitest** du sie. Dabei nimmst du alles, was du geschrieben hast, noch einmal genau „unter die Lupe“.

Rosi ist klug. Folge ihrem Rat!
Verbessere anschließend, was du **nicht** gut findest.

	ja	nein	verbessert
Alles erzählt, was auf den Bildern zu **sehen** ist? Was **davor** war, **dazwischen** und **danach**?			
Richtige **Reihenfolge** eingehalten?			
Personen **sprechen**, **denken** und **fühlen** lassen?			
Präteritum (1. Vergangenheit) verwendet?			
Rechtschreibfehler?			
Wörter ausgelassen?			

Noch mehr Übung zur Bildergeschichte findest du in der Hauschka-Lernhilfe 224 Bildergeschichte.

Reizwortgeschichten

Bei einer **Reizwortgeschichte** müssen die **vorgegebenen Wörter** in deiner Geschichte vorkommen. In der Regel schreibst du eine Fantasiegeschichte. Wenn zufällig eine selbst erlebte Geschichte dazu passt, umso besser.

So baust du eine Reizwortgeschichte auf:

Einleitung:	**Wo** und **wann** fand das Ereignis statt? **Wer** war daran beteiligt?
Hauptteil:	**Was** geschah genau? **Warum** geschah es? In welchen Schritten (Erzählschritte) wurde der **Höhepunkt** (Wendepunkt) erreicht?
Schluss:	**Ausklang**; was waren die **Folgen** des Vorfalls?

85 Es folgen sechs Erzählschritte zur Reizwortgeschichte **Katze –Vase – kaputt**.
Bringe die Sätze in die richtige Reihenfolge:

- ☐ Lea klebt vorsichtig die Vase
- ☐ Mama kommt mit Blumen heim, gibt Blumen in Vase
- ☐ Lea allein zu Hause, sie ärgert Katze
- ☐ Katze flüchtet, wirft Vase um, Vase zerspringt in zwei Teile
- ☐ Mama stellt Lea zur Rede
- ☐ Vase undicht, Wasser läuft aus

Mit Hilfe der folgenden Übungen kannst du eine Geschichte zu den Reizwörtern **Lehrerin – Stuhl – Kaugummi** entwickeln.

86 Ergänze die folgenden **7 Erzählschritte**, die zum Höhepunkt hinführen:

1. In der Pause hatte jemand auf die Sitzfläche von Hannas **Stuhl** einen ______________________________.

2. Als sie zurückkam, übersah sie den ____________________

____________________ und ______________________________.

3. Erst als Frau Maier, die **Lehrerin**, sie ____________________

____.

Die nächsten **drei Erzählschritte** erfindest du mit Hilfe der vorgegebenen Reden. Denke dir **weitere Namen** aus:

4. Hanna wurde ______________________________:
„Wer hat den Kaugummi auf meinen Stuhl geklebt?"

5. ______________________________________:
„Ich weiß, wer es war, aber ich verrate es nicht."

6. ______________________________________:
„Ich erwarte, dass sich derjenige nach dem Unterricht bei mir ______________________________."

7. Doch es meldete sich ____________________. Am nächsten Tag redete die Lehrerin mit ______________________________.

87 An dieser Stelle sollte der **Höhepunkt** beginnen. Überlege zuerst, dann schreibe einen Entwurf in dein Geschichtenheft.

88 Schreibe nun eine **Einleitung** zu dieser Geschichte.

89 Jetzt fehlt noch ein passender **Schluss**. Du überlegst dir die **Folgen** des Vorfalls oder machst dir **allgemeine Gedanken** dazu und rundest so die Geschichte ab.

90 Denke dir eine passende **Überschrift** für die Geschichte aus. Denke daran, die Überschrift soll neugierig machen, aber nicht zu viel verraten.

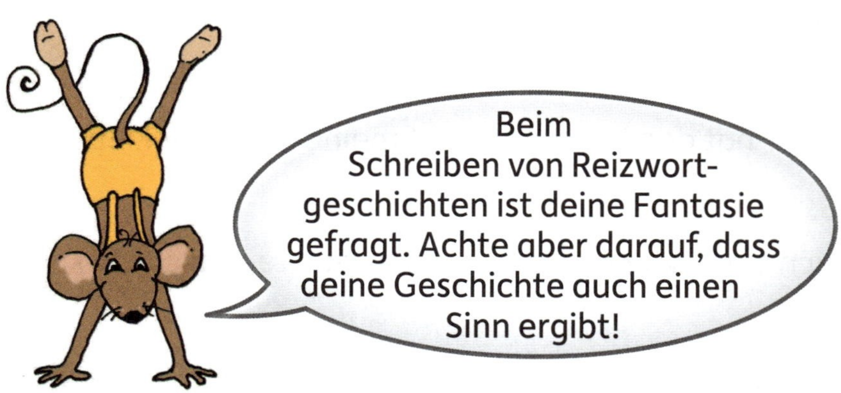

91 Entwirf selbst eine Reizwortgeschichte.
Einleitung und **Schluss** sind schon vorgegeben, du musst also nur den **Hauptteil** und den **Höhepunkt** gestalten (wörtliche Reden nicht vergessen!).
Aufgepasst: Dein Hauptteil muss zur Einleitung und zum Schluss **passen**!

Einleitung: Katrin machte einen Ausflug mit ihrem Einrad. Sie fuhr auf einer schmalen Straße, die bei einer Wiese vor einem kleinen Fluss endete.

Hauptteil: Schreibe den Entwurf in dein Geschichtenheft.
Lies vorher den Schluss der Geschichte!

So kannst du beginnen:

Noah badete gerade im Fluss als er jemanden auf dem Einrad kommen sah. Er dachte: „Das ist doch ...

Schluss: Das war noch einmal gut gegangen und Noah versprach, so etwas nie wieder zu tun.

▸ Überarbeite deinen Hauptteil mit Hilfe der **Tabelle** auf Seite 69.

Einen Brief schreiben

Ein Brief besteht aus folgenden Teilen:
Ort und Datum, Anrede, einleitende Sätze, Brieftext, Schlusssatz, Gruß, Unterschrift

Paul mag Dunkelheit nicht. Aber Marie, seine Kusine, mag sie noch weniger. Du kannst das in einem Brief lesen, den sie Paul geschrieben hat.

Köln, 23.4.2015

Lieber Paul,
wie geht es dir? Mir geht es gut. Aber als ich gestern ins Bett ging, hatten wir Stromausfall. Leider kann ich nicht einschlafen, wenn meine Nachttischlampe nicht brennt. Mama löscht sie später, wenn sie ins Bett geht. Dunkelheit mag ich gar nicht. Ich denke dann an Gespenster oder an etwas anderes, wovor ich mich fürchte. Ehe ich einschlafe, sage ich immer zu mir: „Bitte nicht aufwachen!" Wenn ich schlafe, träume ich und im Traum ist es meistens hell. Magst du Dunkelheit?
Ich würde mich über einen Brief von dir sehr freuen.
Viele Grüße auch an Tante Anna
deine Kusine Marie

92 Untersteiche in Maries Brief die einzelnen Teile in den angegebenen Farben: Ort und Datum, Anrede, einleitende Sätze, Brieftext, Schlusssatz, Gruß, Unterschrift.

93 Kannst du dir vorstellen, dass Dunkelheit auch ein bisschen **schön** sein kann? Lies die folgenden sieben Sätze. Kreuze **vier** an, die dir am besten **gefallen**.

◯ Im Dunkeln stelle ich mir schöne Sachen vor.

◯ Ich sage: Dunkelheit, ich mag dich.

◯ Wenn es finster ist, denke ich an Gummibärchen oder an Küsse von Mama.

◯ Ich lasse Bilder in meinem Kopf entstehen, Bilder vom Baden im See und von Papierschiffchen, die auf dem Wasser schaukeln.

◯ Ich finde Dunkelheit geheimnisvoll schön.

◯ Manchmal öffne ich meine Augen ganz weit und so lange, bis die Dunkelheit heller wird: blauschwarz wie Mamas Haare oder braunschwarz wie Papas Arm.

◯ Wenn es dunkel ist und die Sterne funkeln, gehe ich ans Fenster und suche einen Stern, der auf mich aufpasst.

94 Denke dir, Marie sei deine Kusine und du antwortest auf ihren Brief. Du schreibst, wie sie ihre Angst ein wenig kleiner machen kann. Die Sätze, die du **angekreuzt** hast, helfen dir dabei.

Wer einen Brief verschicken will, braucht einen **Briefumschlag** und eine **Briefmarke**.

So musst du einen Brief beschriften:

Absender
(derjenige, der den Brief verschickt)

Vorname Nachname
Straße und Hausnummer
Postleitzahl und Ort

Briefmarke

Empfänger
(derjenige, der den Brief bekommen soll)

Vorname Nachname
Straße und Hausnummer
Postleitzahl und Ort

95 Paul hat den Briefumschlag für den Brief an Marie schon vorbereitet. Ergänze, was er vergessen hat. Manches musst du dir ausdenken.

_____ König
_____
21077 Hamburg _____

_____ Huber
Krötenstr. _____
50935 _____

Kreatives Schreiben

Ein Gedicht zu einer Geschichte umformen

Zuerst ein lustiges **Gedicht** von **Joachim Ringelnatz**:

Die Ameisen
In Hamburg lebten zwei Ameisen,
Die wollten nach Australien reisen.
Bei Altona auf der Chaussee
Da taten ihnen die Beine weh,
Und da verzichteten sie weise
Dann auf den letzten Teil der Reise.

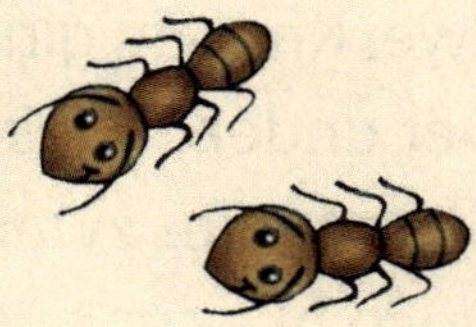

Erklärung: **Altona** war einmal eine selbstständige Stadt, heute ist es ein Bezirk von Hamburg; **Chaussee** ist ein altes Wort für eine gut ausgebaute Straße.

96 Forme die sechs Verse des **Gedichts** in eine kleine **Geschichte** um.
Beginne so:

In der schönen Stadt Hamburg lebten die Ameisen Ella und Ulla. Es ging ihnen gut, denn sie hatten genug zu fressen: frisches Obst, Gebackenes und auch mal Zucker. Die Tage verstrichen; einer wie der andere. Irgendwann wurde es Ella und Ulla langweilig. Da sagte Ella: „ … “

Klapphornverse

Willst du kurze lustige Gedichte schreiben? Dann versuch es mit **Klapphornversen**. Die ersten dichtete 1878 der Göttinger Notar Friedrich Daniel. Er fühlte sich zum Dichter berufen und schickte dieses Gedicht an eine Zeitschrift:

Zwei Knaben gingen durch das Korn,
Der andere blies das Klappenhorn,
Er konnt' es zwar nicht ordentlich blasen,
Doch blies er's wenigstens einigermaßen.

Den Lesern gefiel das etwas holprige und unbeabsichtigt lustige Gedicht. Sie ahmten es nach und seitdem heißen diese Gedichte **Klapphornverse**. Sie beginnen meistens so:

Zwei Knaben ..., **zwei** Mädchen ...

Auch so kann man anfangen:

Zwei **Mäuse** ..., zwei **Tanten** ..., zwei **Lehrer** ... usw.

Klapphornverse haben immer vier Zeilen:

Zwei Knaben gaben sich einen Kuss,
der eine, der hieß Julius,
der andere hieß Gretchen,
ich glaub, das war ein Mädchen.

Andreas, Joseph-Haydn-Grundschule Rohrau

Es reimen sich immer die Verse **1** und **2** sowie die Verse **3** und **4**. Die letzte Zeile bildet einen lustigen Abschluss.

97 Setze Wörter ein, die einen sinnvollen Reim bilden:

Zwei Mäuse gingen rein und raus.
Sie mochten gern ihr kleines ________________.
Einmal wollten sie nicht alleine s________________,
da luden sie eine Katze ________________.

Eike Dittmar, Grundschule Teterow

98 Willst du selbst Klapphornverse erfinden? Im Kasten stehen beliebte Reimwörter. Suche dir welche aus.
So kannst du beginnen:

Zwei Mädchen liefen ...

Fluss/Kuss – zu Hause/Pause – Wald/kalt –
Stunde/Runde – Berg/Zwerg – laufen/kaufen –
Ecke/Schnecke – Sport/Rekord

99 Auch diese Reimwörter eignen sich gut:

Busch/Schuss – Traum/Apfelbaum – Po/Stroh –
Nil/Krokodil – gesund/kugelrund – Zoo/froh

Stichwortverzeichnis

Absender 76
Adjektiv 4, 5, 51, 61
Adresse 76

Bastelanleitung 23-24
Bericht 28-38
  Eisunfall 37-38
  Schadensbericht Brille 30-32
  Zeltwochenende 34-36
Bildergeschichte 66-69
  Schneemann 66
Brief schreiben 74-76

Empfänger 76
Erlebniserzählung 60-65
  Hundeerlebnis 60-63
  Kellergeist 64-65
Einleitung 20, 23, 32, 35, 62, 70, 73
Erzählschritte 71
Experimente 25-27

Fabel 44-47
Fantasie 70
Fantasiegeschichten 70
Fehlerbild 10

Gedanken 56, 61, 65
Gedicht 77-79
Gefühle 56, 61, 65
Gegenstandsbeschreibung 7-14
  Brille 10
  Fahrrad 11-12
  Mütze 7-8
  Ohrring 14
  Schlüsselanhänger 13
Geschichten ergänzen 77
Geschichten erzählen 39-73
Geschichtenheft 1

Höhepunkt 62, 65, 67, 70

Ich-Form 16, 67

Klapphornverse 78-79
Kochrezepte 15-22
  Apfelmus 20-22
  Tomatensoße 15-19
Kreatives Schreiben 77-79

Lösungsteil nach Seite 40

Merkmale 2, 5, 9, 12
Musteraufsätze 64-65
Musteraufsätze → Lösungsteil

Nacherzählung 39-47
  Das gute Kind 40-43
  Der Fuchs und der Storch 46-47
  Die Wanderer und der Bär 44-45

Personenbeschreibung 1-6
  Hexe Ilsebill 1
  Ich-Beschreibung 6
  Kinder 5
  Räuber 4
  Zahnfee 2-3
Präsens 2, 12
Präteritum 28, 49, 60

Redensarten 57-58
Reihenfolge 2, 12, 17, 39, 69
Reizwortgeschichte 70-73
  Katze-Vase-kaputt 70
  Lehrerin-Stuhl-Kaugummi 71-72
  verstecken-Fluss-Einrad 73
Rezepte → Kochrezepte

Sachtexte schreiben 1-38
Satzbau 53
Schadensmeldung 30-32
Schluss 19, 24, 32, 36, 63, 70, 73
Schreibformen 16, 67
Schülerzeitung 34-38
Spannung 59, 62, 65
Spannungselemente 59
Stichwortgeschichten → Reizwortgeschichten

Treffende Wörter 2, 4, 9, 11, 27, 48-52

Überschrift 20, 24, 36, 63, 68, 72
Unfall 37

1. Vergangenheit → Präteritum
Vorgangsbeschreibung 15-27

Wiewort → Adjektiv
wörtliche Rede 28, 43, 45, 49, 55, 56, 65

Zutaten 15, 20